AF305440

SYMPHONIES VOCALES

DE

SOLFÉGES D'ENSEMBLE

à 3 et à 4 voix

PAR

A. H. CHELARD

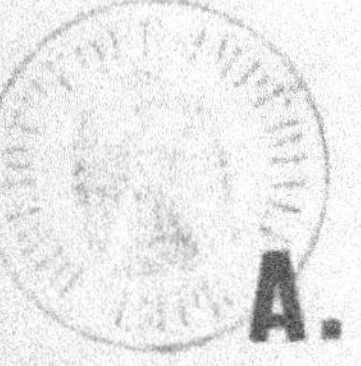

1re PARTIE A 3 VOIX	2me PARTIE A 4 VOIX
PRIX NET : 2 FR.	PRIX NET : 4 FR.

L'ÉDITION AVEC ACCOMPAGNEMENT DE PIANO

(grand format)

1re PARTIE	2de PARTIE
PRIX : 25 FRANCS.	PRIX : 30 FRANCS.

Partie

PARIS

HENRY LEMOINE, ÉDITEUR.

256, RUE SAINT-HONORÉ.

4474-75 HL

PARIS. — IMPRIMERIE ÉMILE MARTINET, RUE SAINT-LOUIS, 48.

AVERTISSEMENT.

Cette édition, la quatrième de l'ouvrage intitulé *Symphonies vocales* ou Solféges d'ensemble de A. H. Chelard, n'est autre qu'une réduction en petit format, sans accompagnement de piano, de la grande partition à l'usage des conservatoires, pensionnats, séminaires, sociétés chorales et privées.

Qu'il soit permis de rappeler ici que cet ouvrage, approuvé par l'Institut, admis par le Conservatoire impérial de musique, par Wilhem, le fondateur de l'Orphéon, par l'école Chevé et par un grand nombre de professeurs et d'instituteurs, est purement pratique; qu'il n'est affecté à aucune méthode en particulier; mais qu'il est conçu de manière à se combiner avec tous les modes d'enseignement, tant particulier que général; qu'il constitue à la fois un cours complet de chant en harmonie et de lecture musicale, et que, de plus, il conduit progressivement à l'exécution intelligente des chefs-d'œuvre des grands maîtres, par la présentation graduée de toutes les difficultés et par l'imitation libre et facultative de tous les genres et de tous les styles.

L'ÉDITEUR PROPRIÉTAIRE,

H. LEMOINE

CONSERVATOIRE IMPÉRIAL
de Musique
et de Déclamation.

Paris, le 21 janvier 1856.

RAPPORT

DU COMITÉ DES ÉTUDES MUSICALES

Sur l'ouvrage de M. CHELARD.

Sous le titre de *Symphonies vocales, ou Solféges d'ensemble à 3 et à 4 parties,* M. Chelard a publié une série de compositions destinées à l'étude approfondie de la musique d'ensemble, et propres à familiariser les élèves avec les difficultés techniques de l'exécution vocale, ainsi qu'à les initier aux différents styles des grands maîtres.

Ces morceaux, essentiellement mélodiques et de divers caractères, sont habilement écrits selon la nature des voix, et se distinguent par une harmonie pure, des combinaisons savantes, des formes élégantes et variées. — L'aridité inhérente à ce genre d'ouvrages s'y trouve tempérée avec art, et l'auteur a su donner à ses compositions un intérêt qui justifie le titre de *Symphonies vocales* et les rend aussi attrayantes pour l'auditoire que profitables aux exécutants.

Le Comité des études musicales du Conservatoire a examiné cet important ouvrage avec toute l'attention que le nom et la réputation de l'auteur commandent; il le considère comme une des productions nouvelles les plus utiles à l'enseignement, et en propose l'adoption pour les classes d'ensemble du Conservatoire.

Pour copie conforme :

Signé AUBER, président; — F. HALÉVY, — G. VOGT, — Edouard MONNAIS, commissaire impérial; — Ambroise THOMAS, — MASSART, — A. LEBORNE, — ALARD. — A. de BEAU-CHÊNE, secrétaire.

A M. CHELARD.

CONSERVATOIRE IMPÉRIAL
de Musique
et de Déclamation.

Paris, le 23 janvier 1856.

Monsieur,

Vous avez soumis à l'appréciation du Comité des études musicales du Conservatoire un ouvrage de votre composition intitulé : *Symphonies vocales, ou Solféges d'ensemble à 3 et à 4 parties.* Le Comité, dans le rapport que j'ai l'honneur de vous transmettre, a été unanimement d'avis d'en proposer l'adoption pour les classes d'ensemble du Conservatoire.

Veuillez recevoir, Monsieur, l'assurance de ma haute considération.

Le directeur,

Signé AUBER.

SYMPHONIES-VOCALES

OU

SOLFÉGES D'ENSEMBLE

PAR

A. H. Chelard

GAMME D'UT MAJEUR.

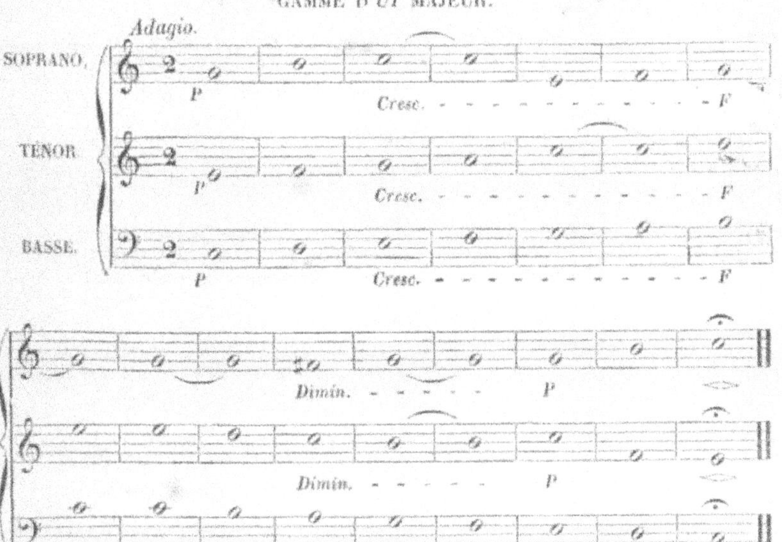

ÉTUDE:

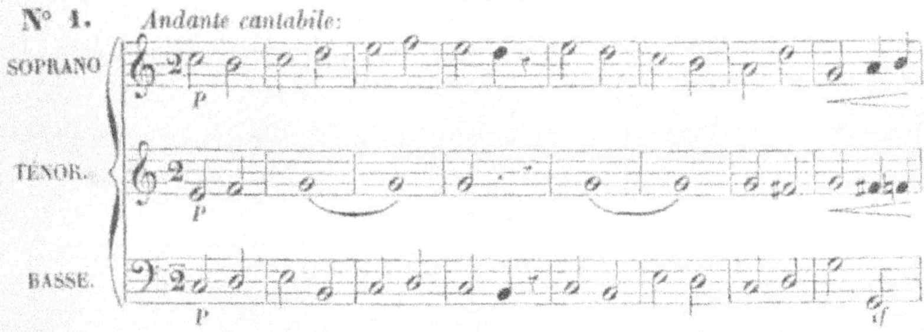

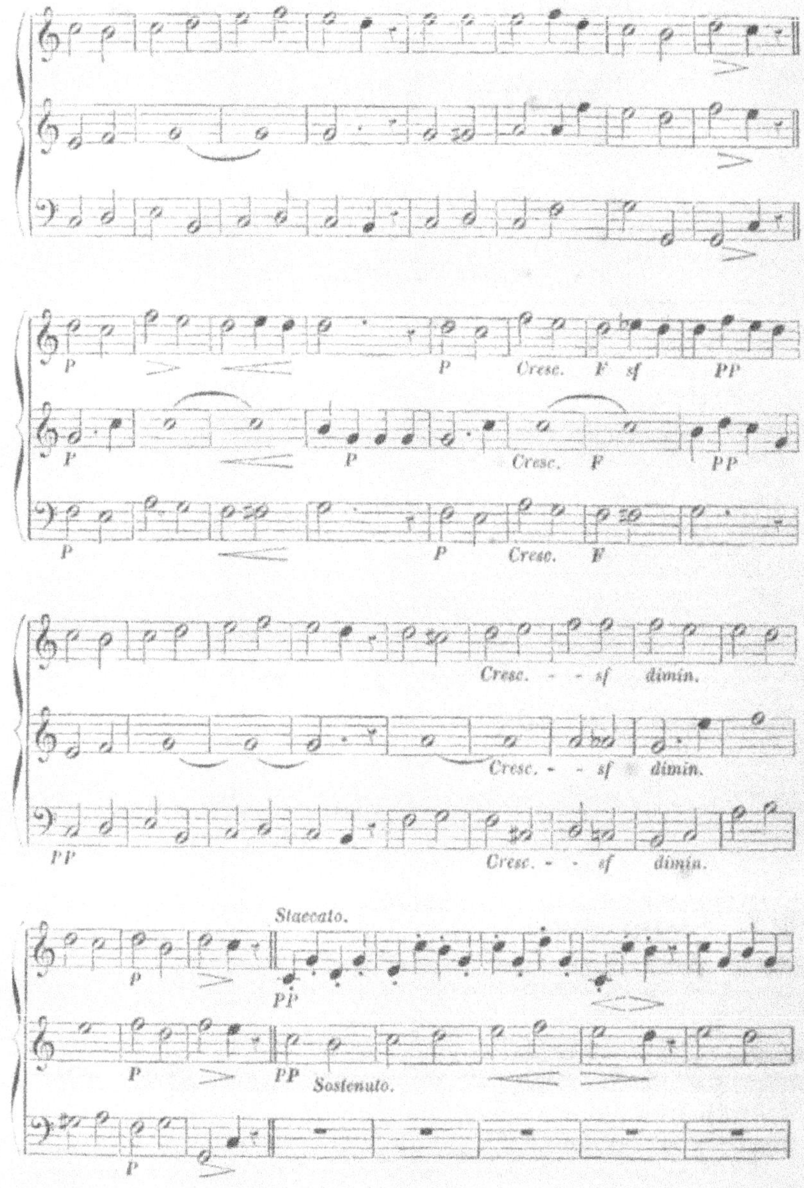
P
Cresc. F sf PP
P Cresc. F PP
P Cresc. F
P
Cresc. - - sf dimin.
Cresc. - - sf dimin.
PP
Cresc. - - sf dimin.
Staccato.
P
PP
P PP Sostenuto.
P

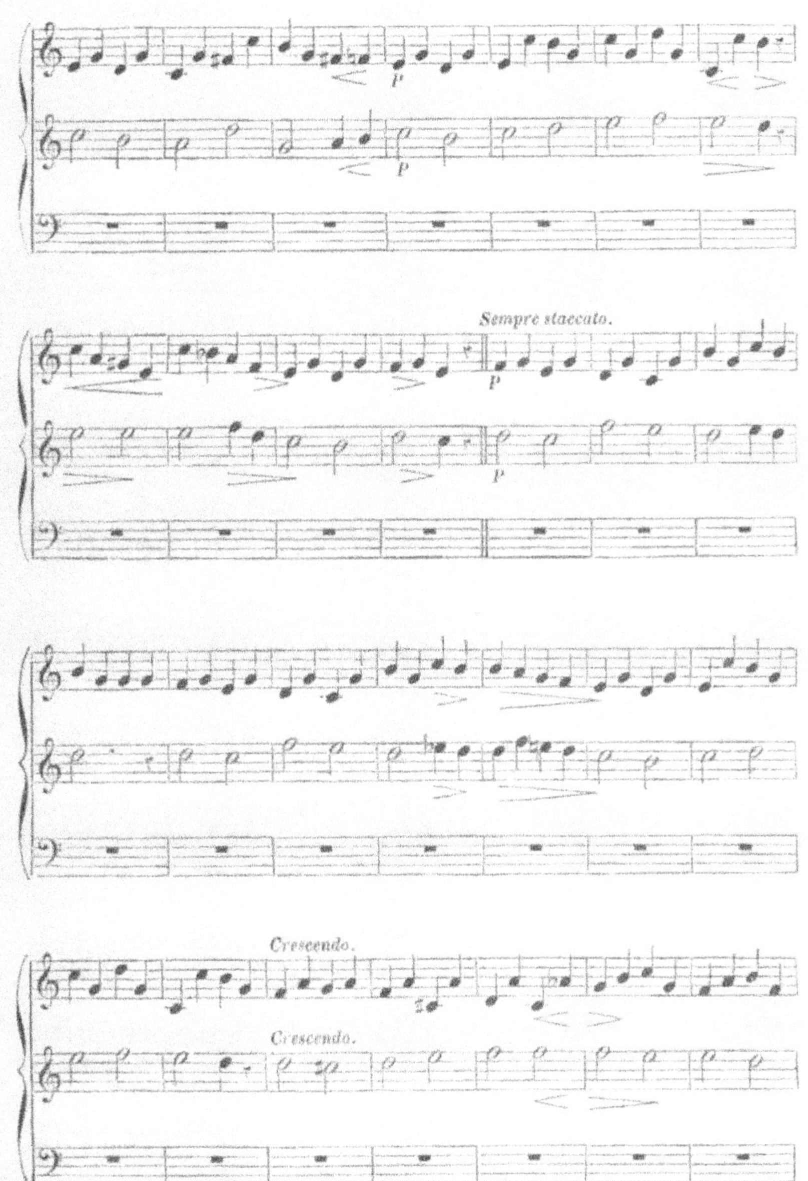

Sempre staccato.
p
p
Crescendo.
Crescendo.

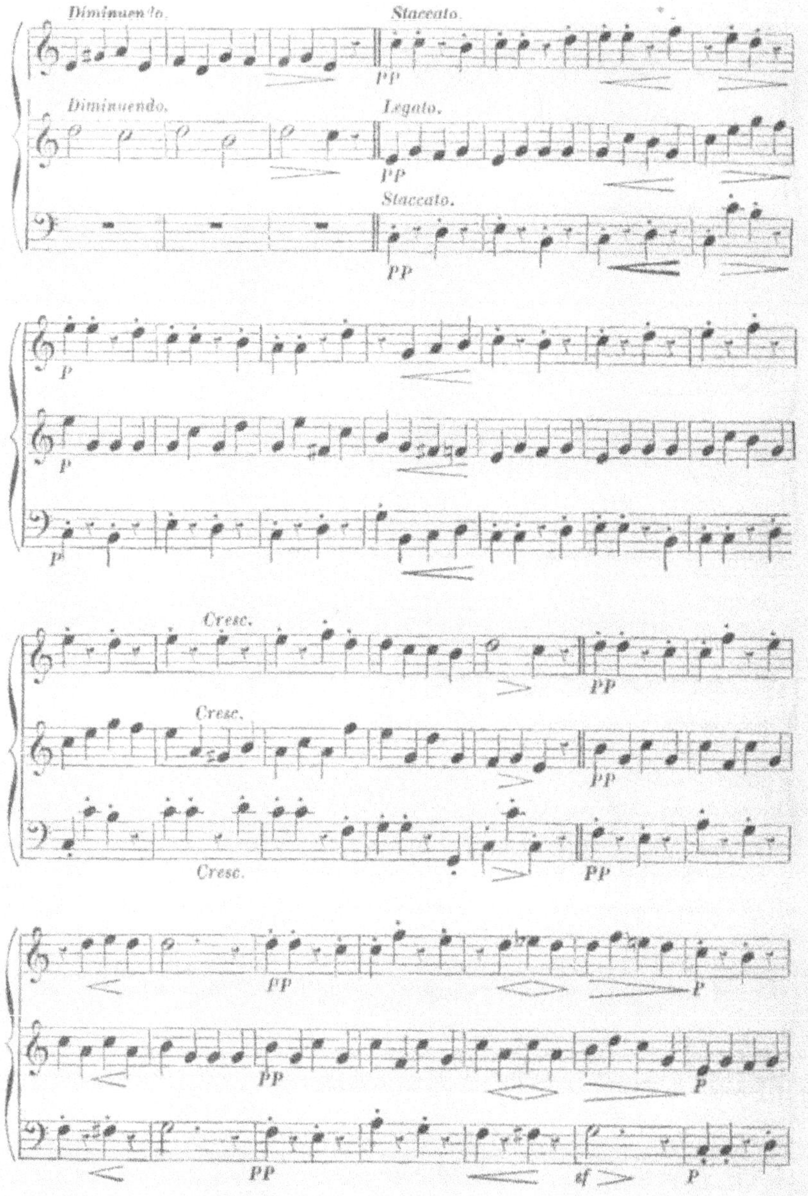

Diminuendo.
Staccato.
PP
Diminuendo.
Legato.
PP
Staccato.
PP
P
P
P
Cresc.
PP
Cresc.
PP
Cresc.
PP
PP
P
PP
P
PP
sf
P

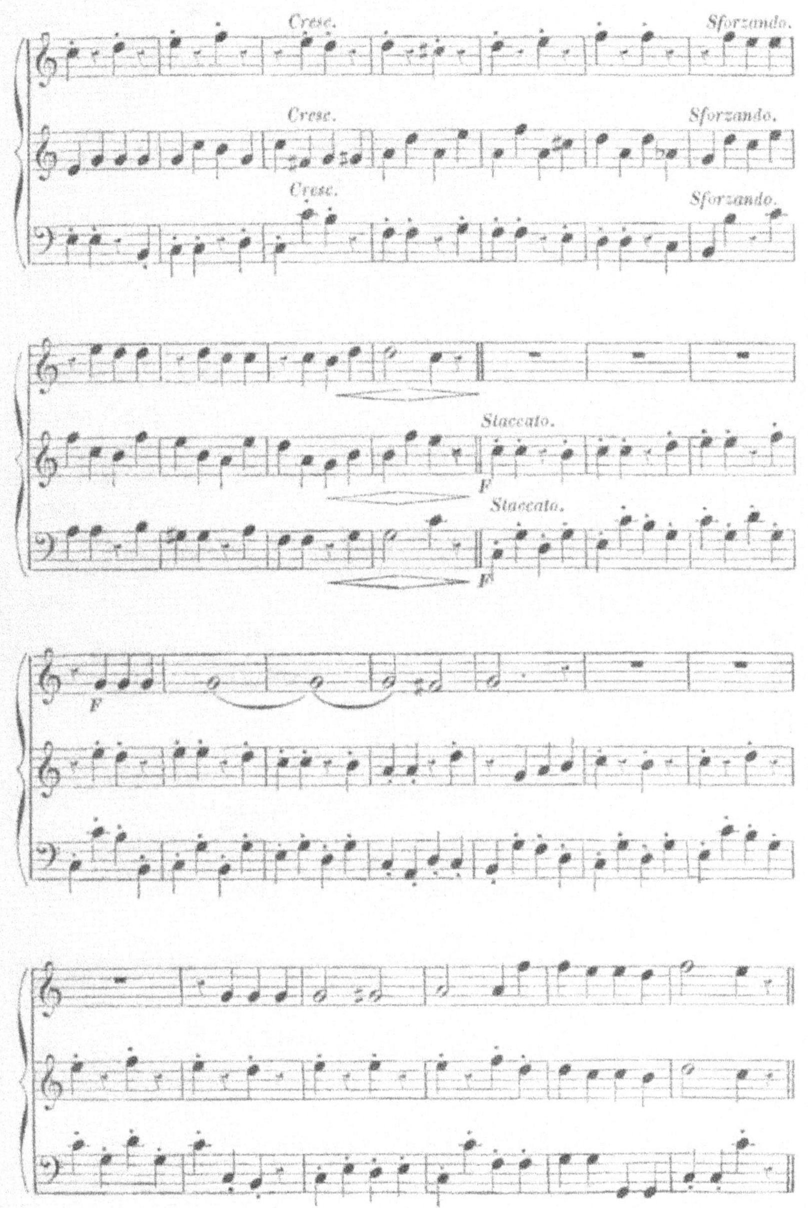
Cresc.
Sforzando.
Cresc.
Sforzando.
Cresc.
Sforzando.
Staccato.
F
Staccato.
F
F
F

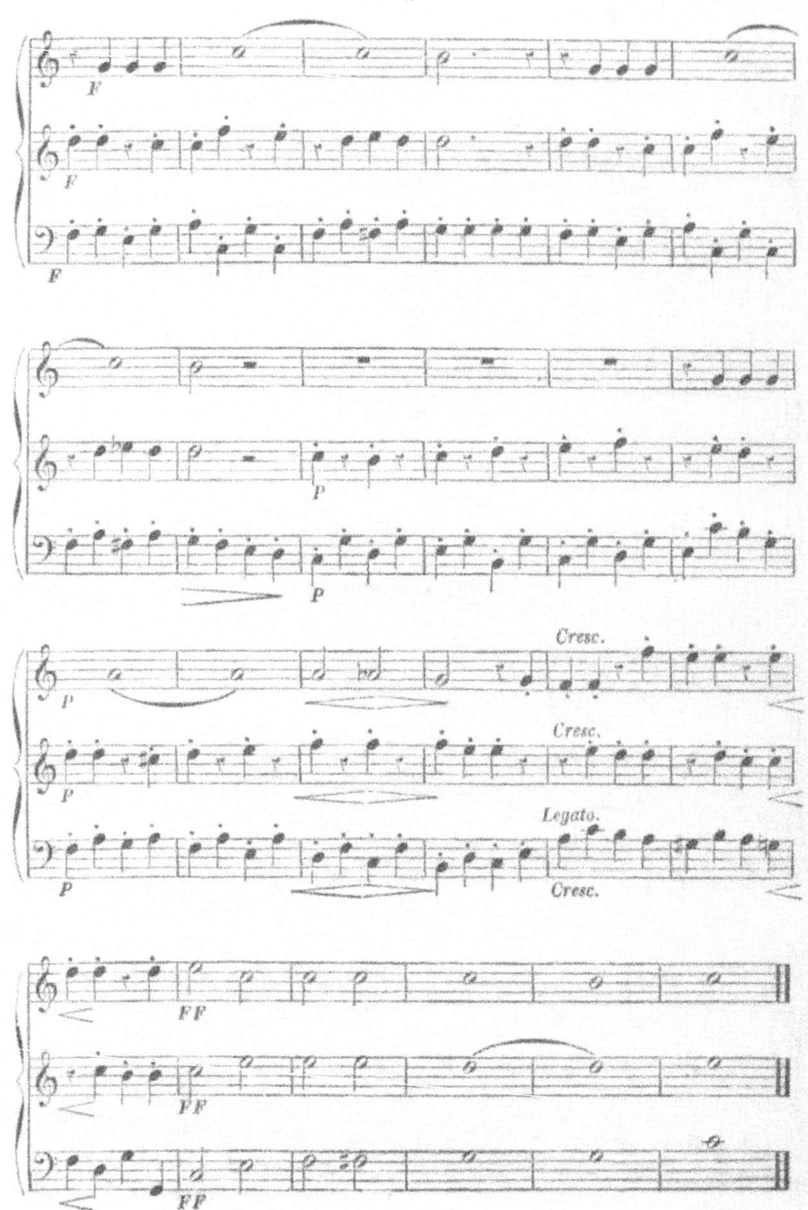

F
F
F
P
P
Cresc.
Cresc.
P
P
Legato.
P
Cresc.
FF
FF
FF

GAMME DE LA MINEUR.

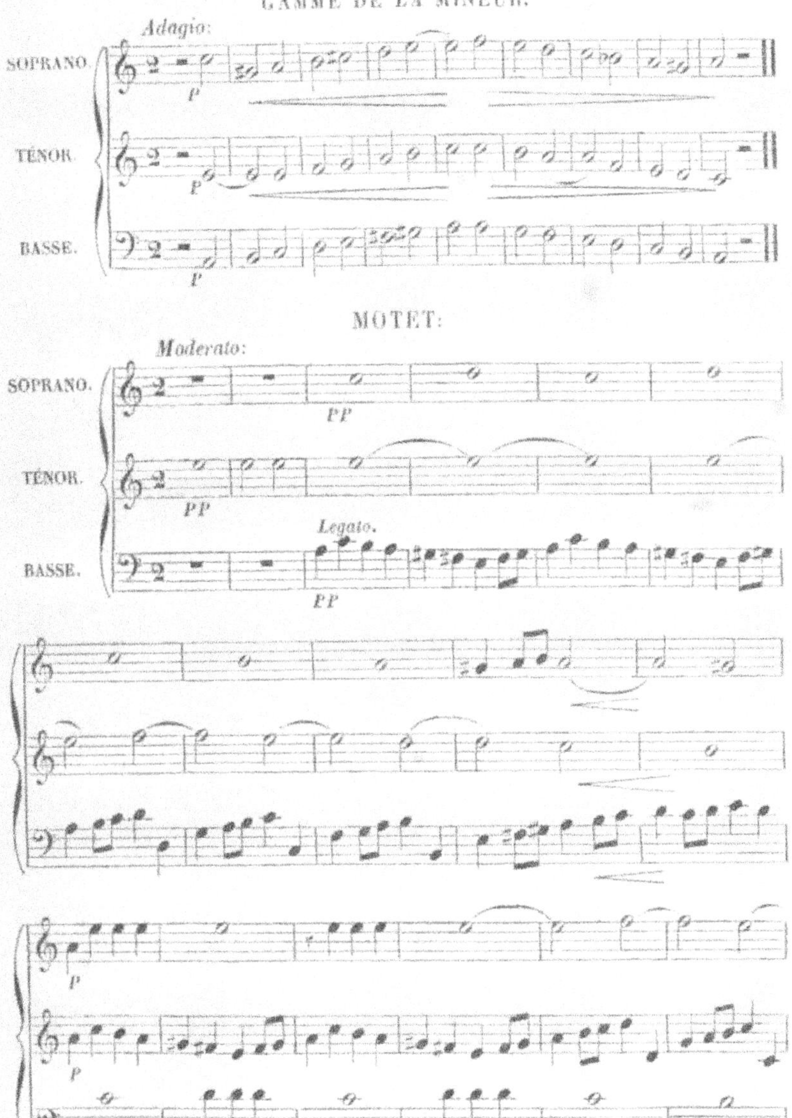

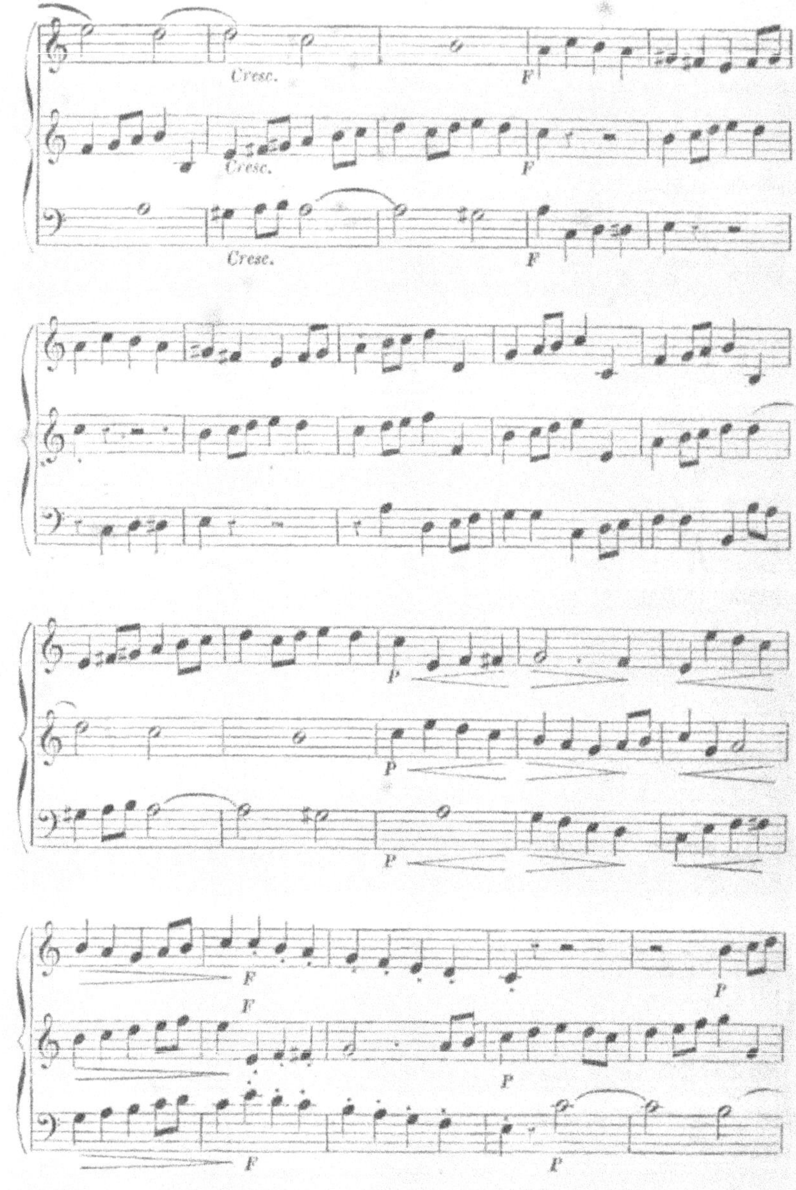
Cresc.
Cresc.
Cresc.
F
F
F
P
P
P
F
F
F
P
P
P

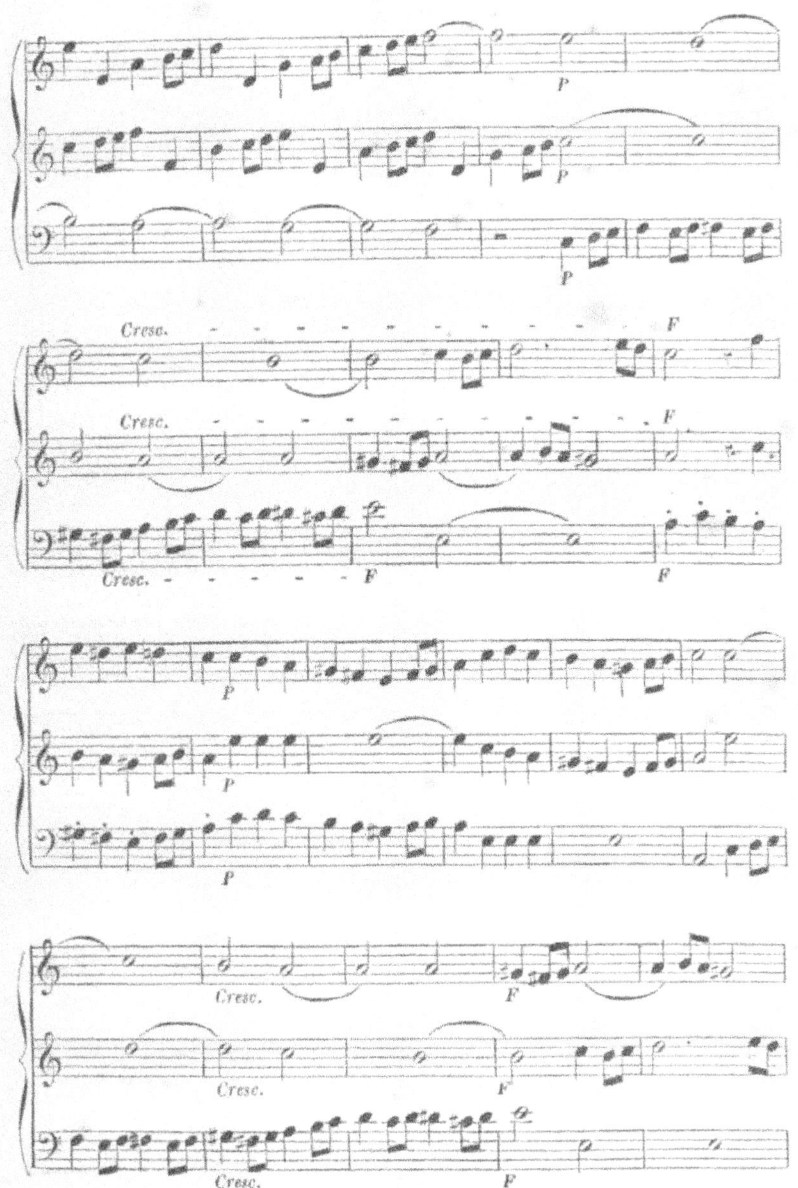
P
P
P
Cresc.
F
Cresc.
F
Cresc.
F
F
P
P
P
Cresc.
F
Cresc.
F
Cresc.
F

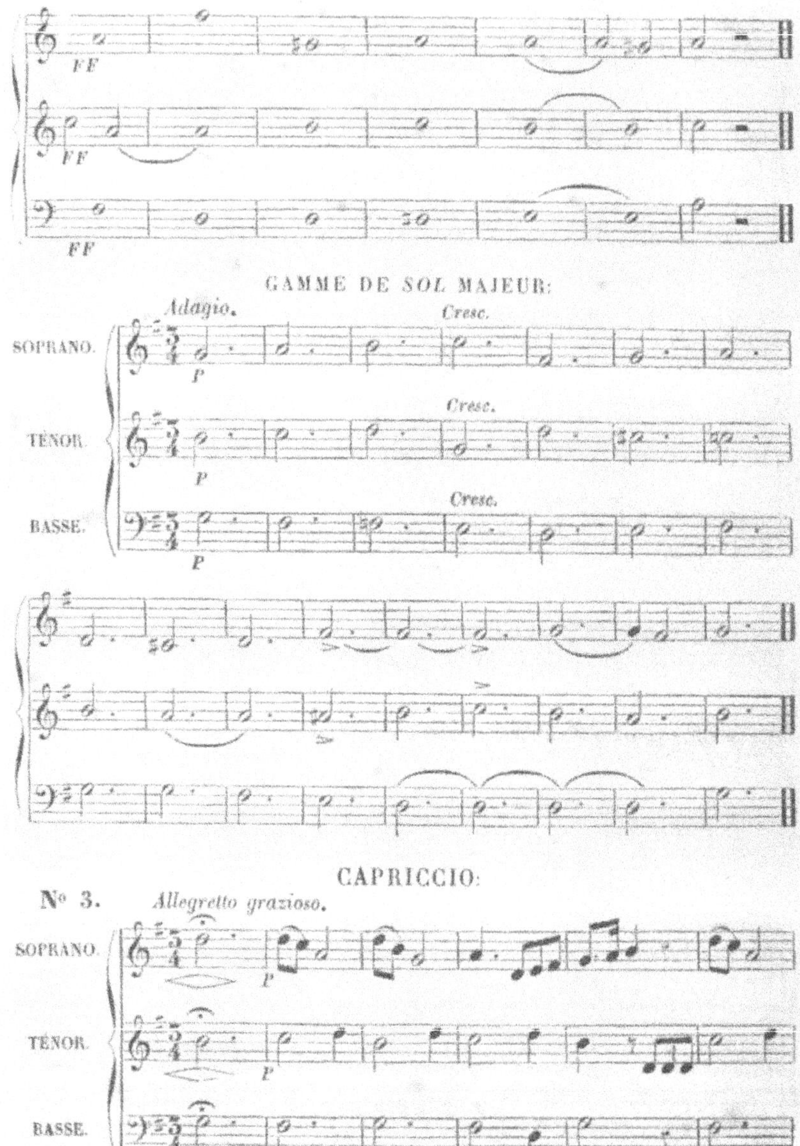
FF
FF
FF
GAMME DE SOL MAJEUR:
Adagio.
Cresc.
SOPRANO.
P
Cresc.
TÉNOR.
P
Cresc.
BASSE.
P
CAPRICCIO:
Nº 3.
Allegretto grazioso.
SOPRANO.
P
TÉNOR.
P
BASSE.
P

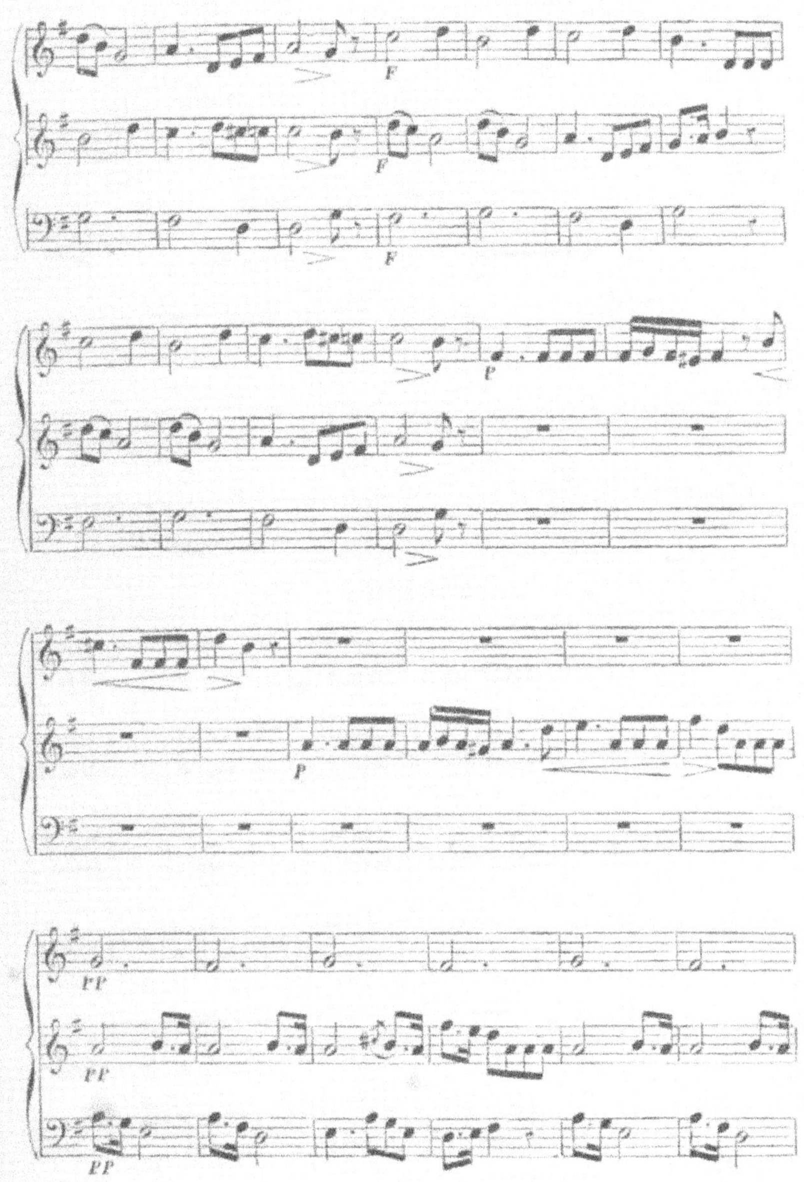

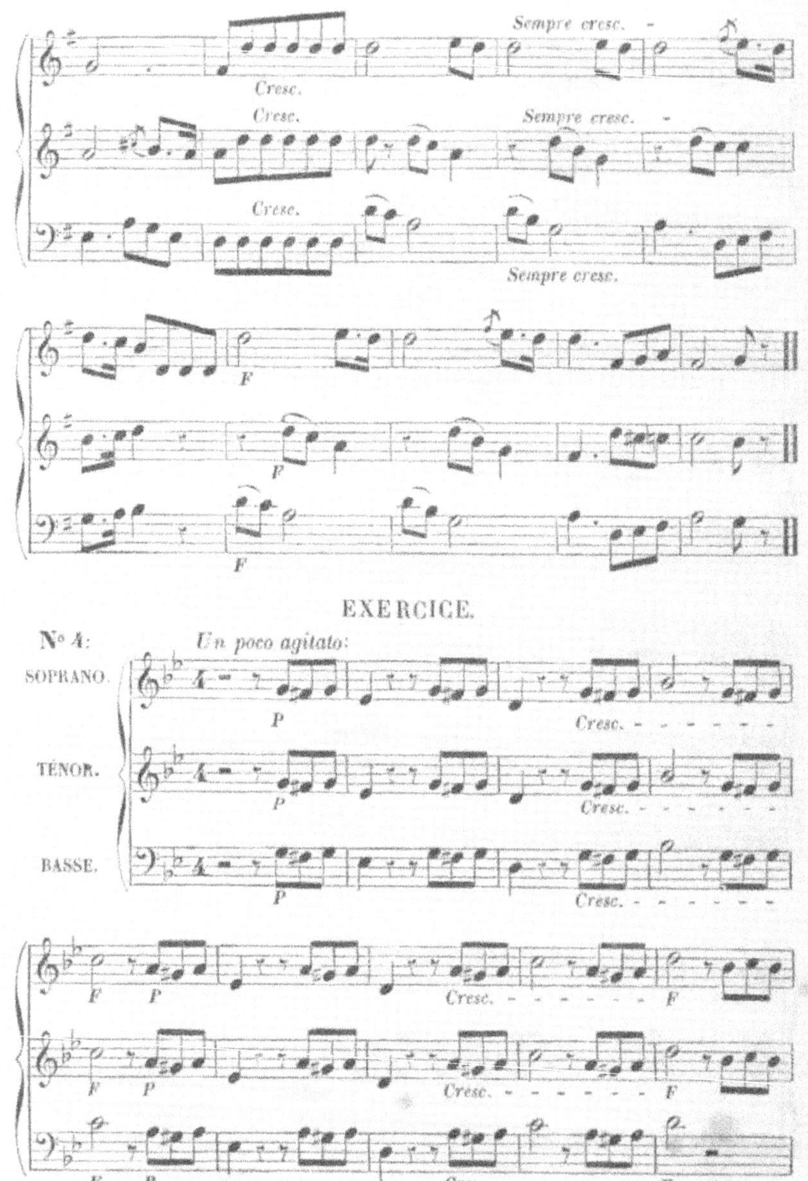
Sempre cresc.
Cresc.
Cresc.
Sempre cresc.
Cresc.
Sempre cresc.
F
P
F
EXERCICE.
Nº 4:
Un poco agitato:
SOPRANO.
P
Cresc.
TÉNOR.
P
Cresc.
BASSE.
P
Cresc.
F
P
Cresc.
F
F
P
Cresc.
F
F
P
Cresc.
F

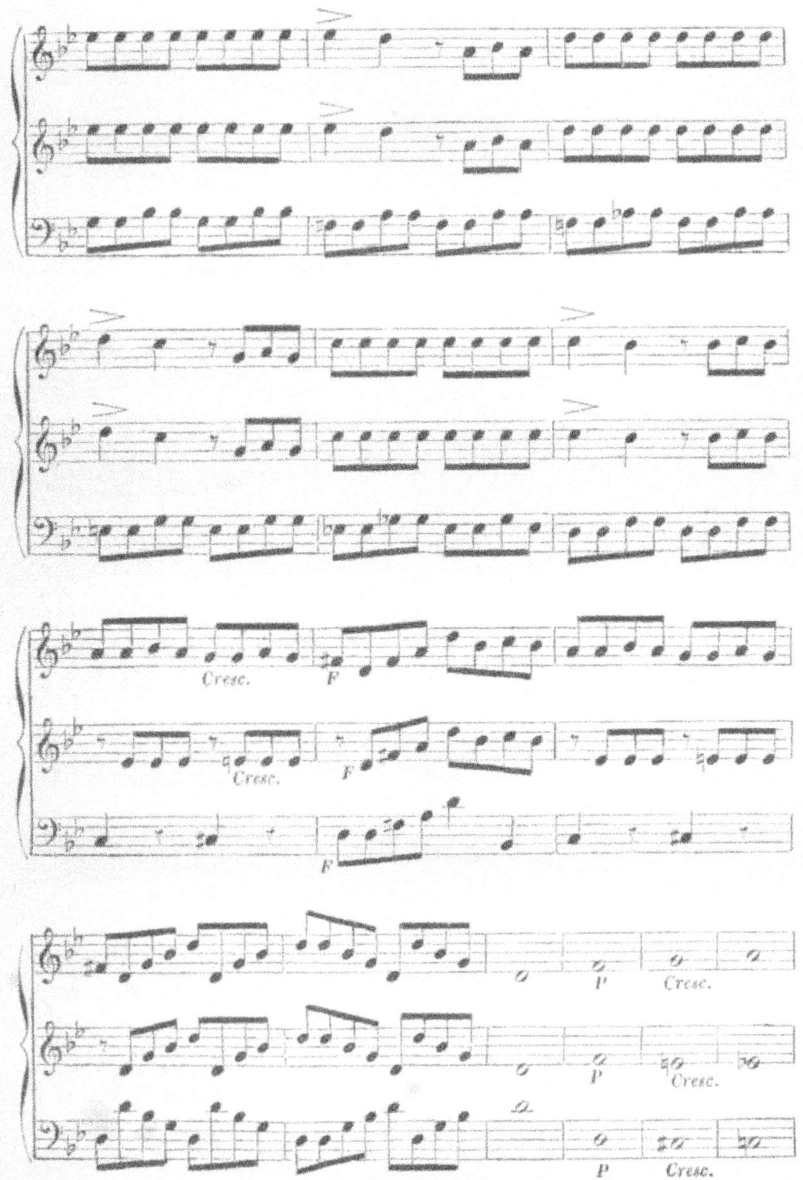
Cresc.
F
Cresc.
F
F
F
Cresc.
P
Cresc.
P
Cresc.
P
Cresc.

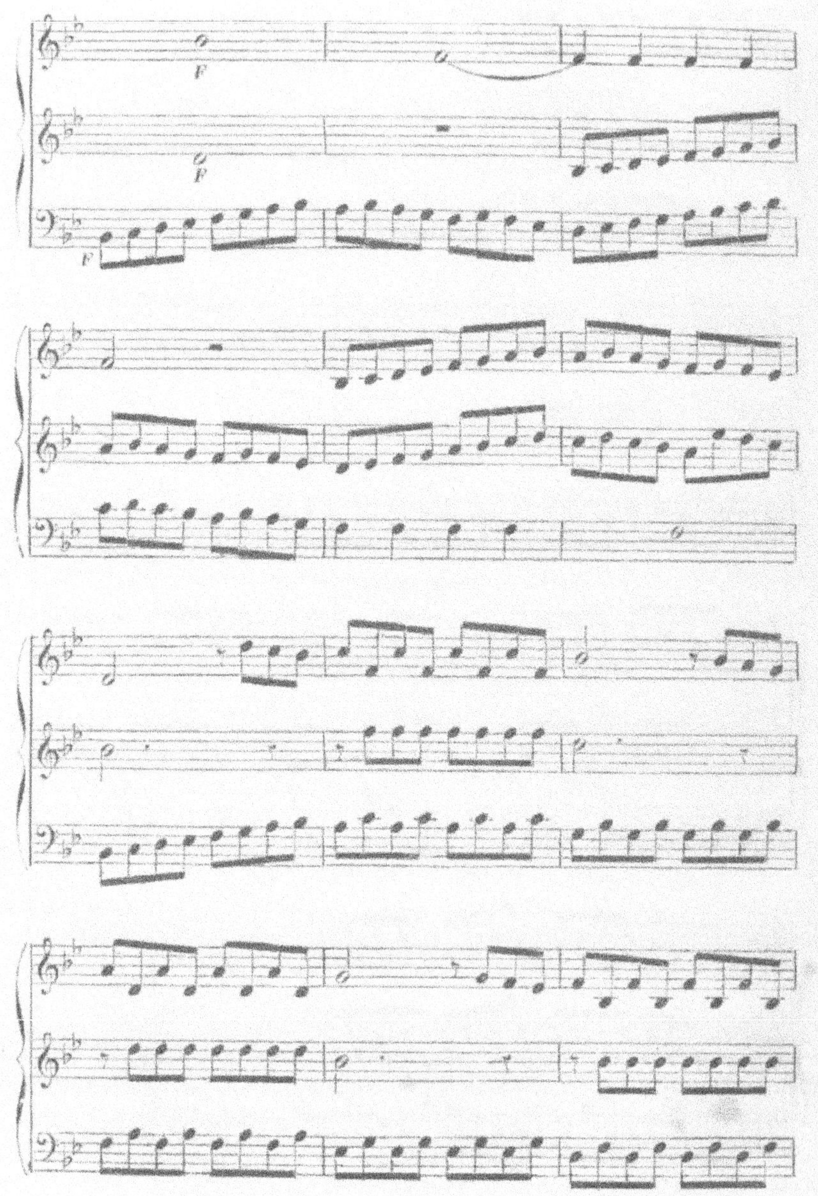

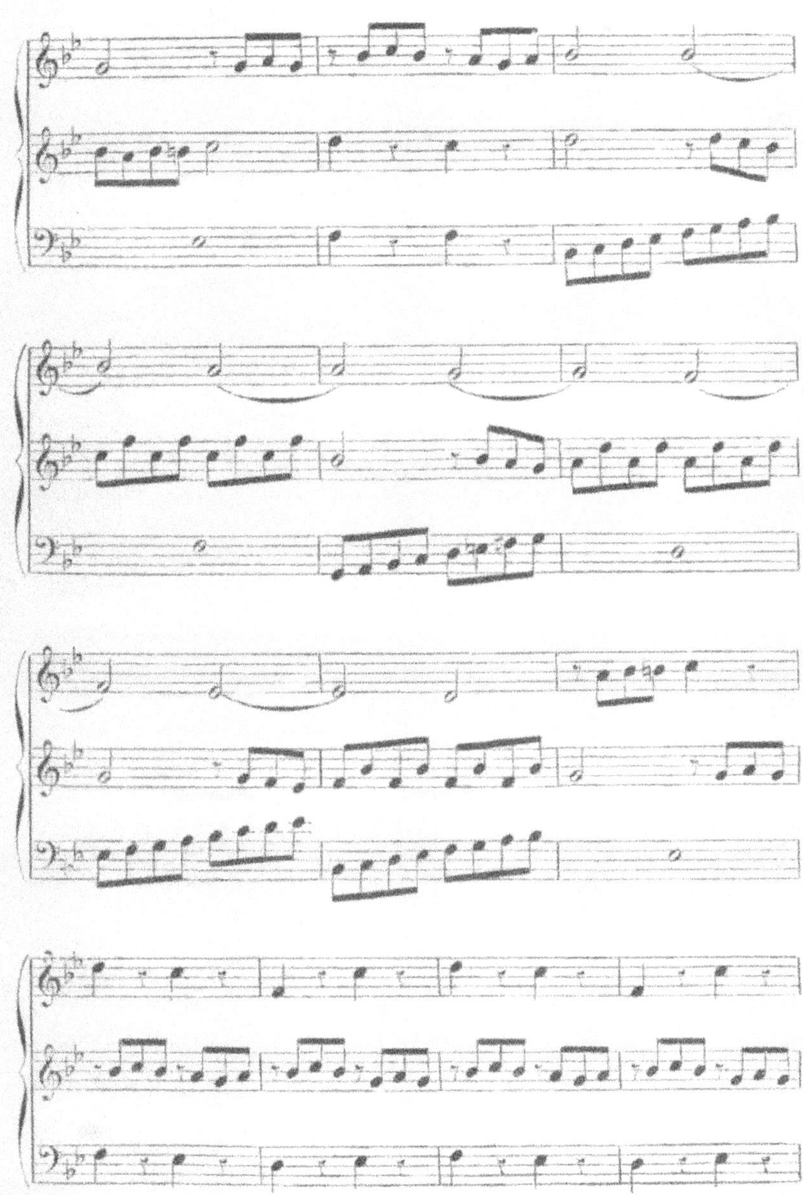

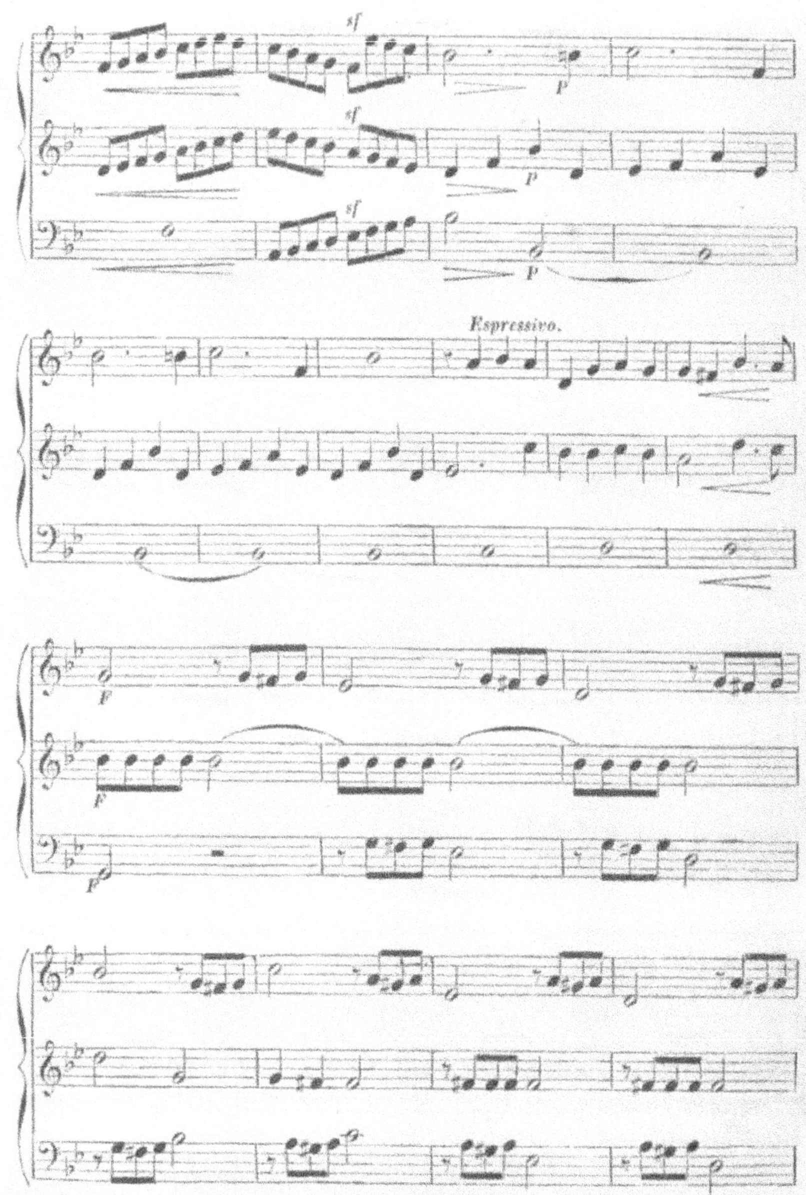
sf
p
Espressivo.
F
F
P

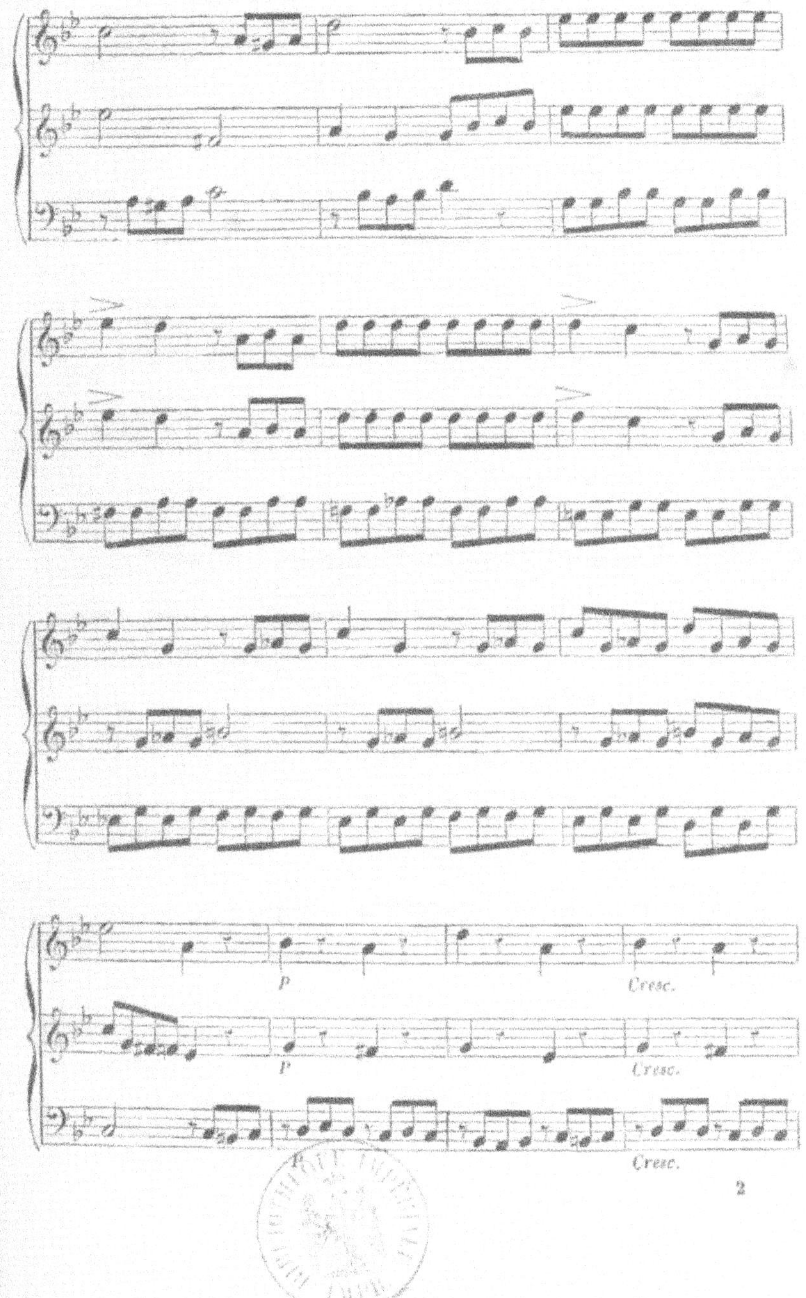
P
Cresc.
P
Cresc.
Cresc.
2

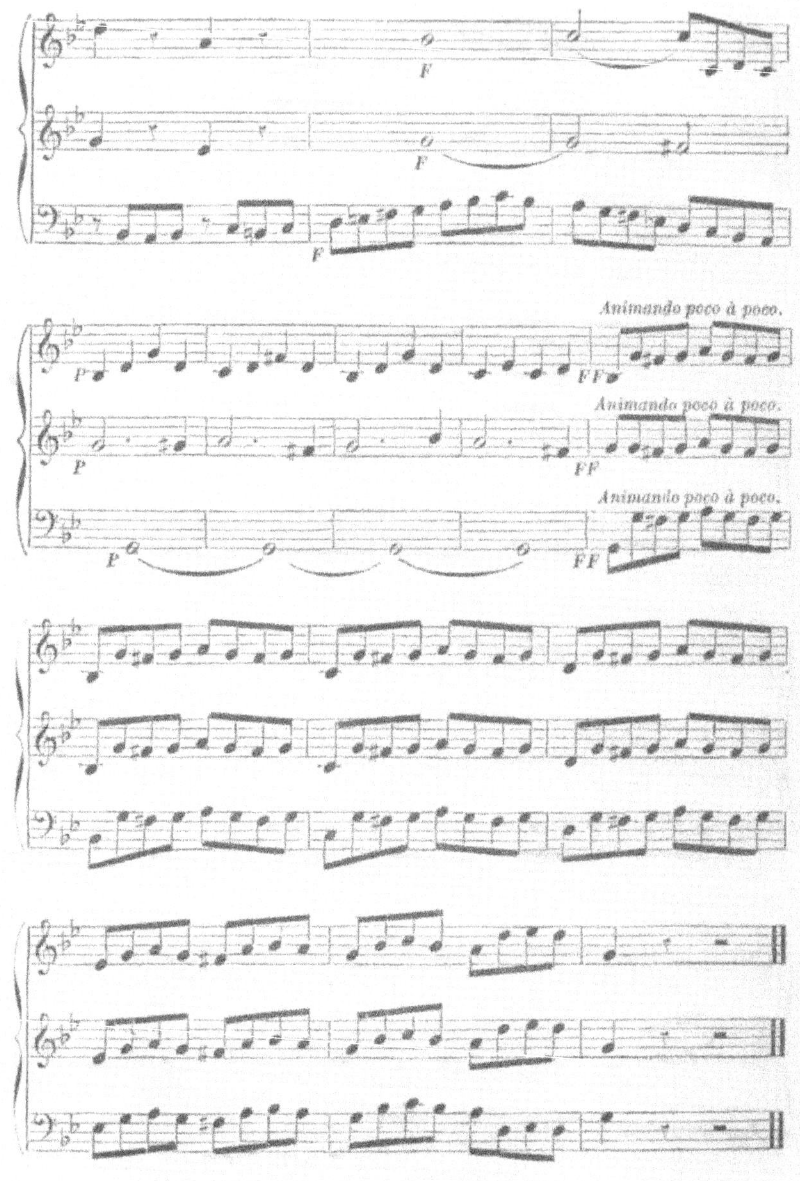
Animando poco à poco.
Animando poco à poco.
Animando poco à poco.

ÉTUDE CHROMATIQUE.

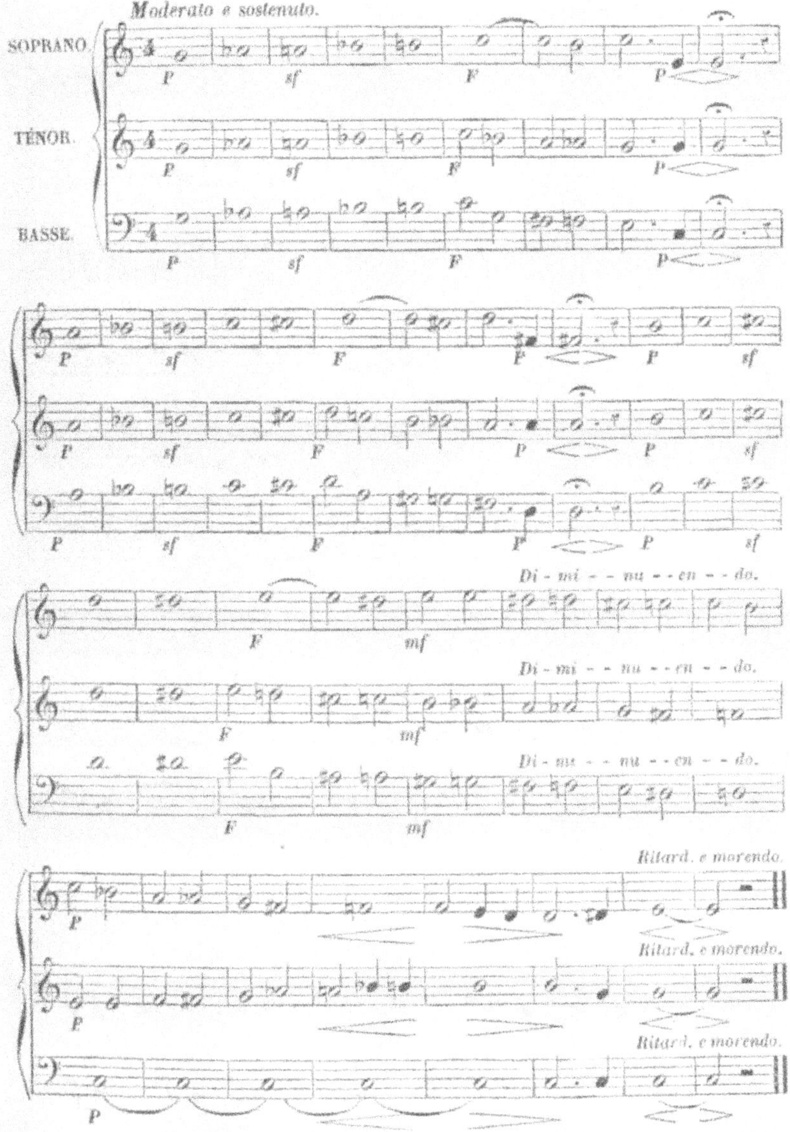

CHANT RELIGIEUX:

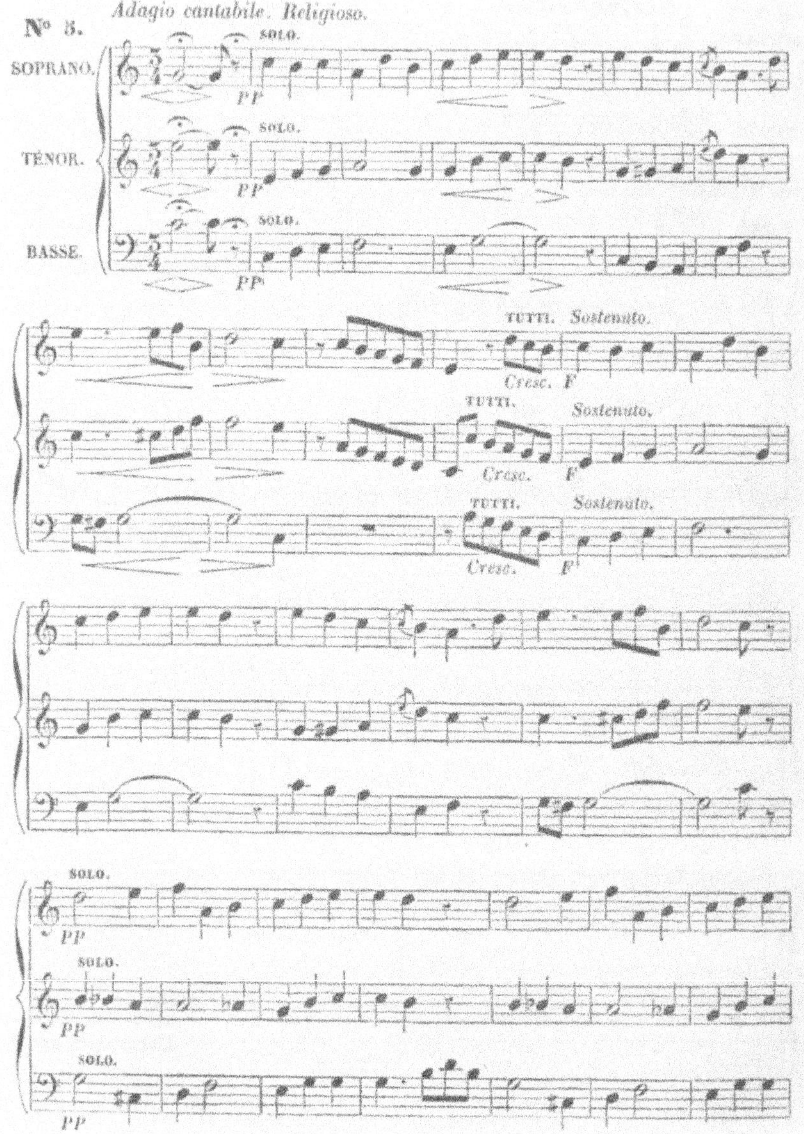

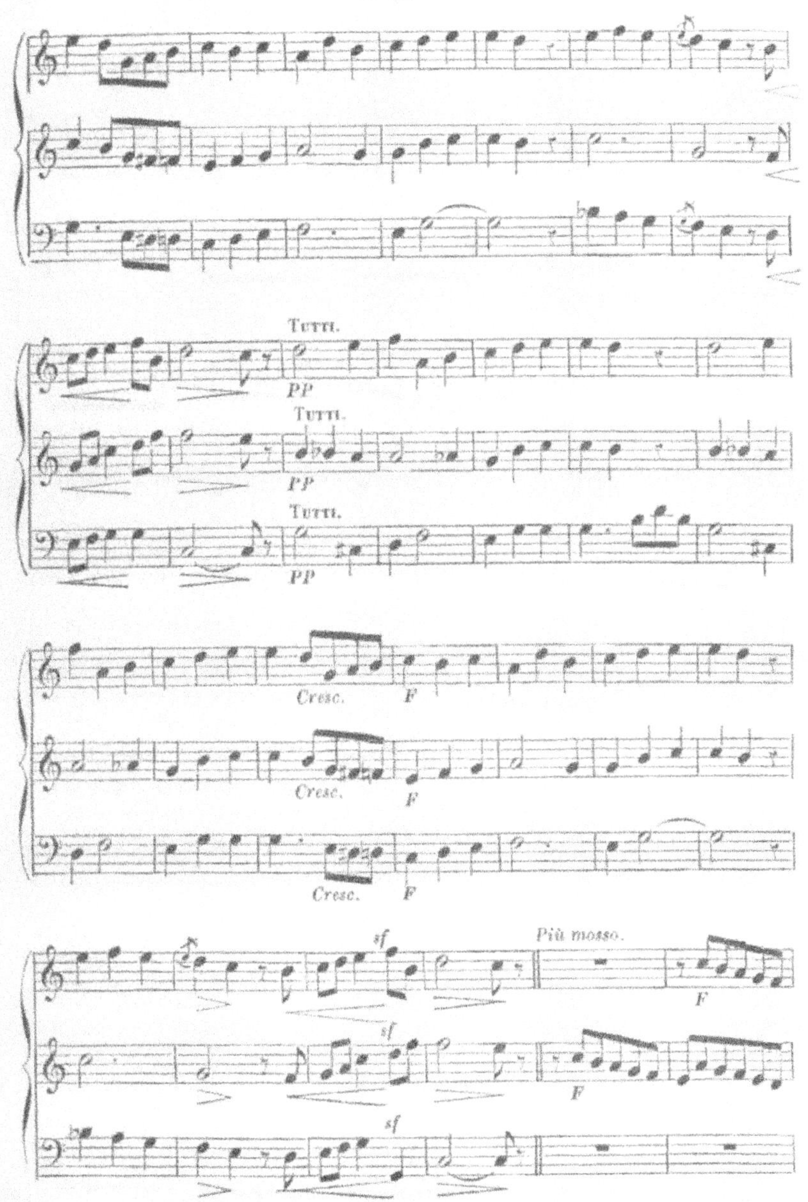
Tutti.
PP
Tutti.
PP
Tutti.
PP
Cresc.
F
Cresc.
F
Cresc.
F
sf
Più mosso.
F
sf
F
sf

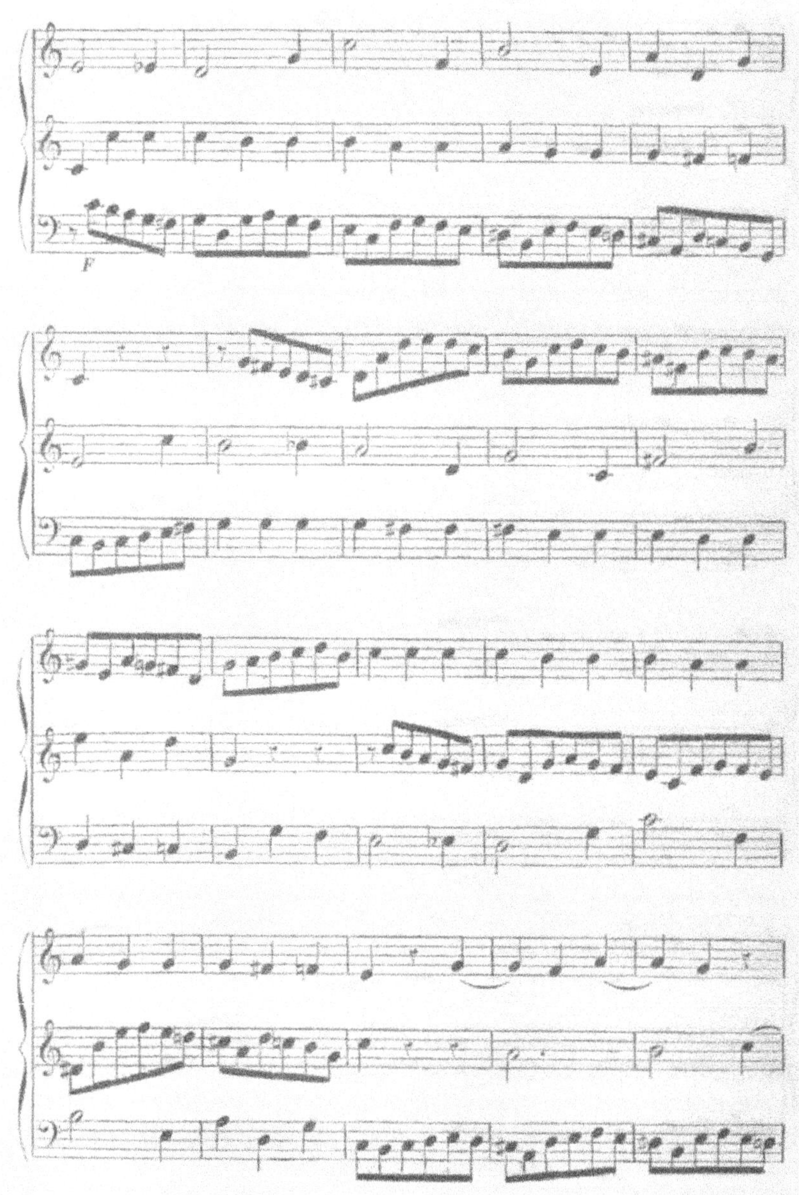

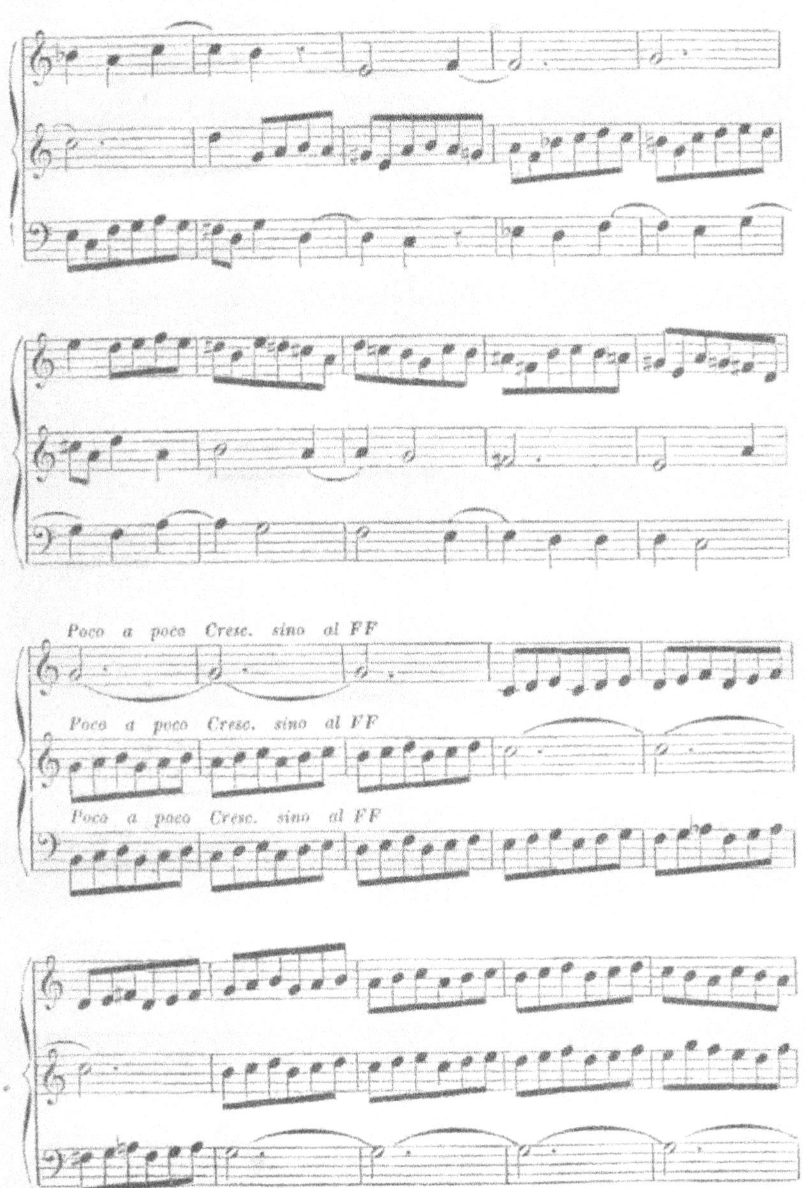
Poco a poco Cresc. sino al FF
Poco a poco Cresc. sino al FF
Poco a poco Cresc. sino al FF

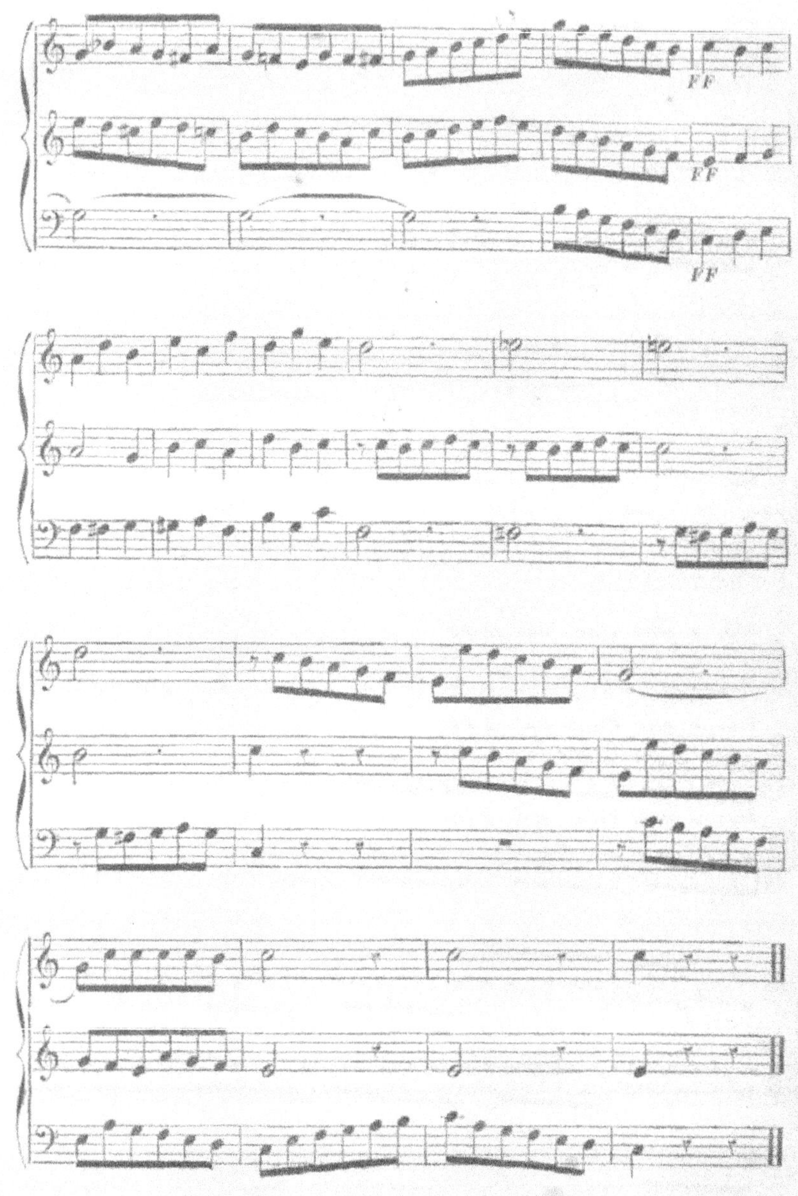
FF
FF
FF

ÉTUDE DE LA SYNCOPE ET DU POINT.

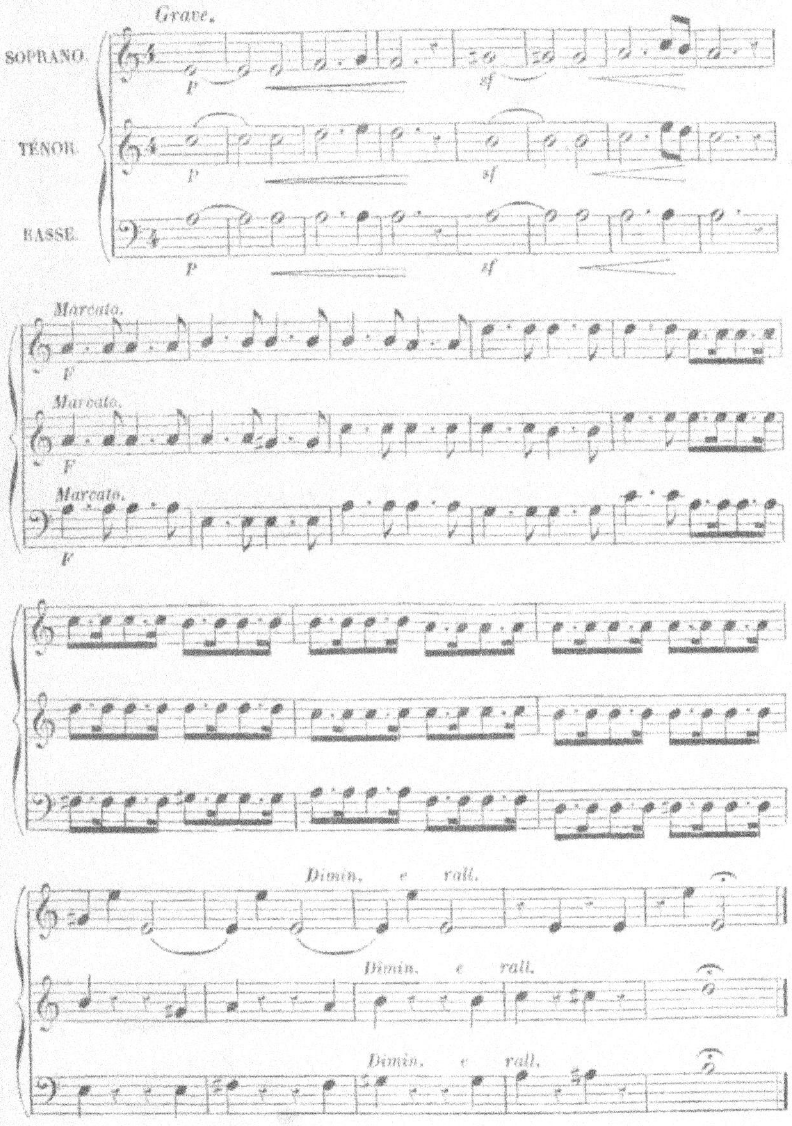

CAPRICCIO.

N° 6. Andantino.
SOPRANO.
TENOR.
BASSE.
PP Leggieramente.
PP Leggieramente.
PP
Cresc.
F
Leggieramente.
Cresc.
F
PP
PP
PP
PP
PP
Cresc.
F
Cresc.
F
PP
Cresc.
F

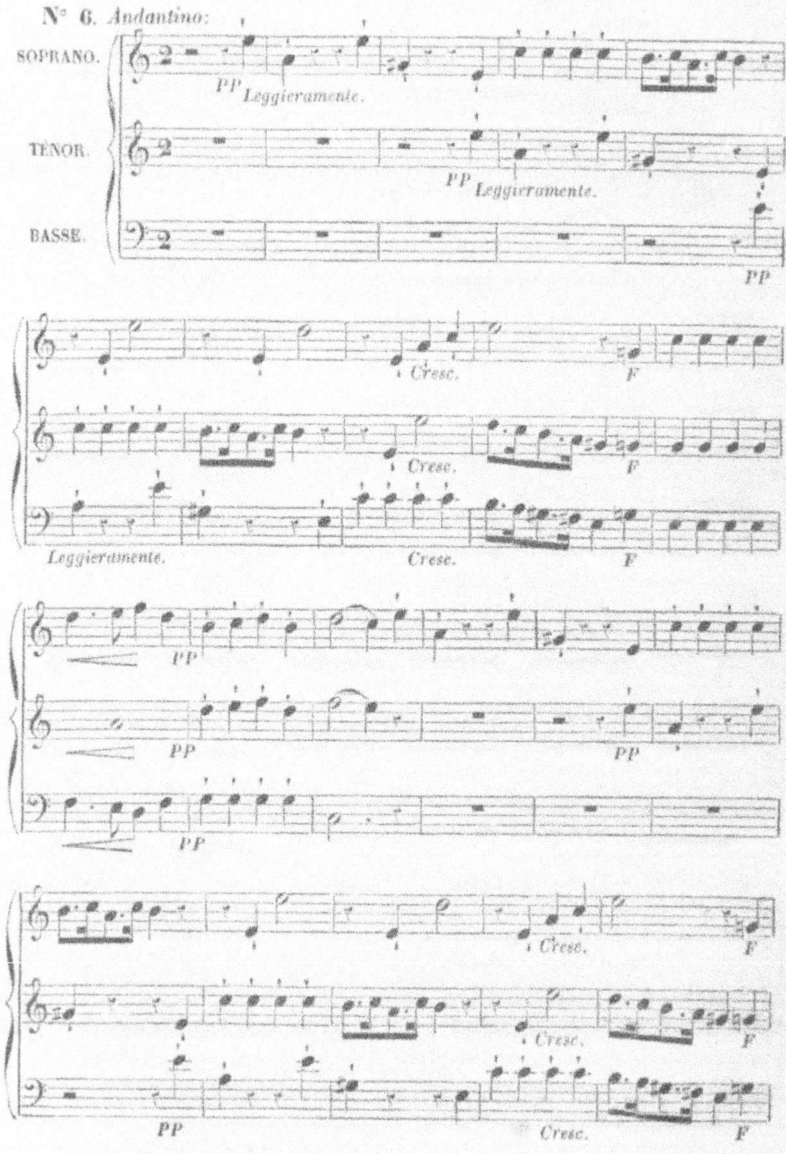

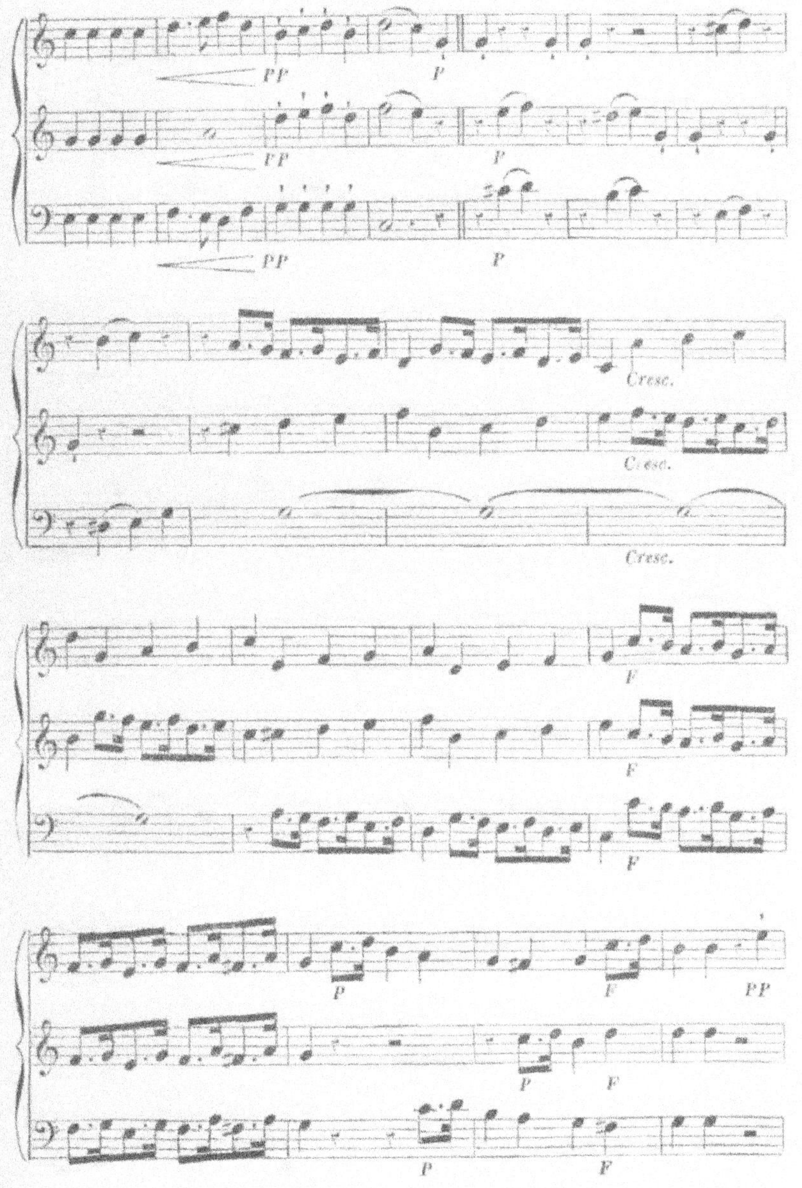
PP
P
PP
P
PP
P
Cresc.
Cresc.
Cresc.
F
F
F
P
F
PP
P
F
P
F

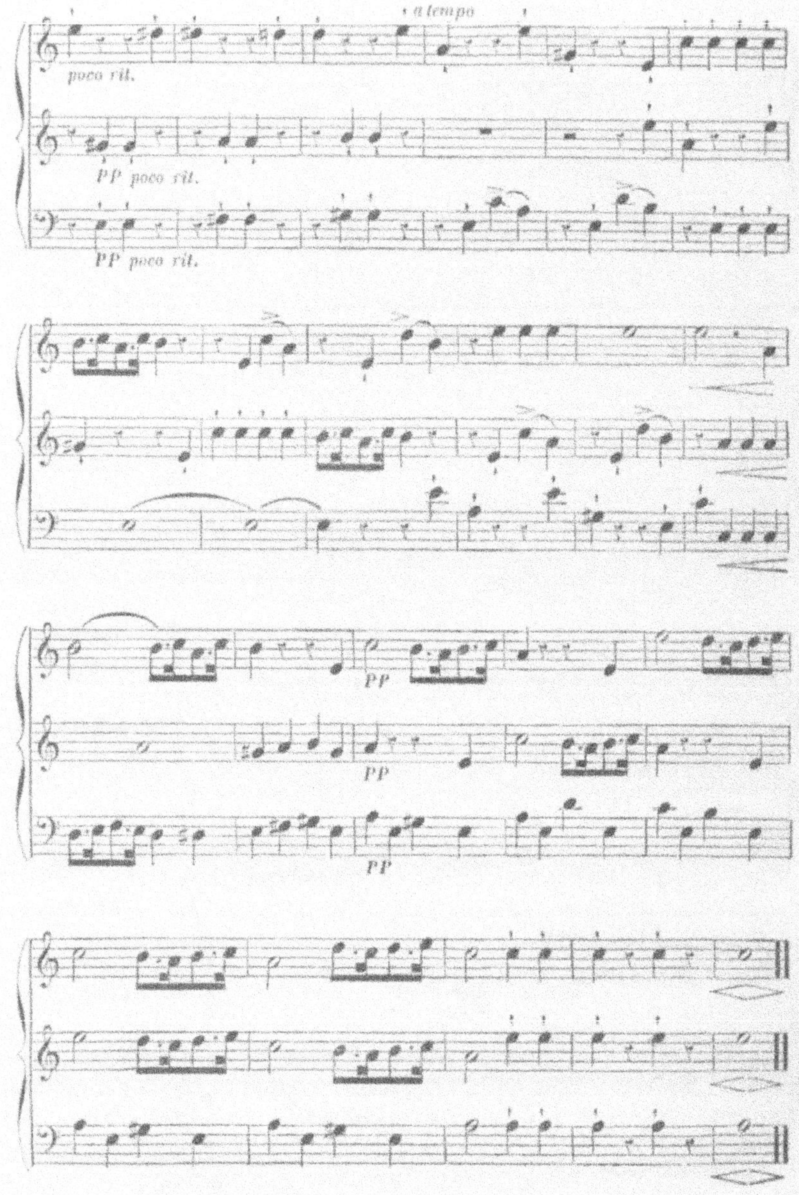
a tempo
poco rit.
PP poco rit.
PP poco rit.
PP
PP
PP

GAMME DE FA MAJEUR.

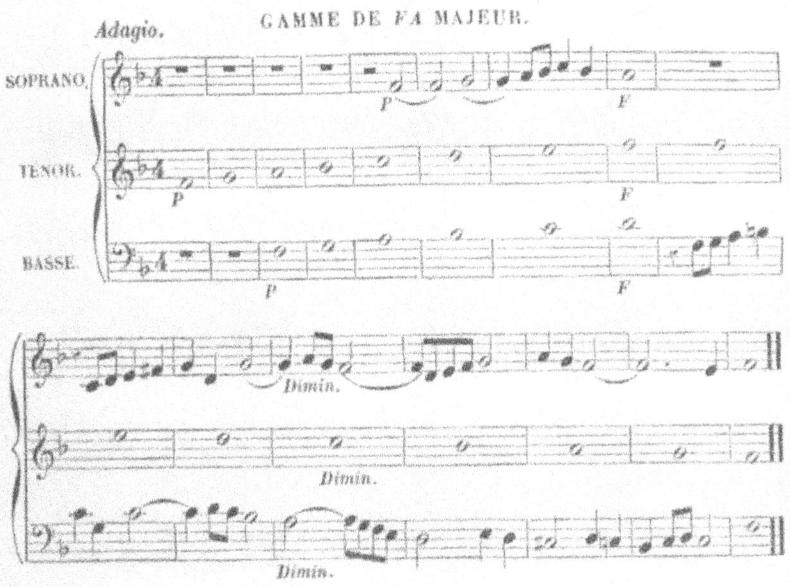

BALLADE IRLANDAISE:

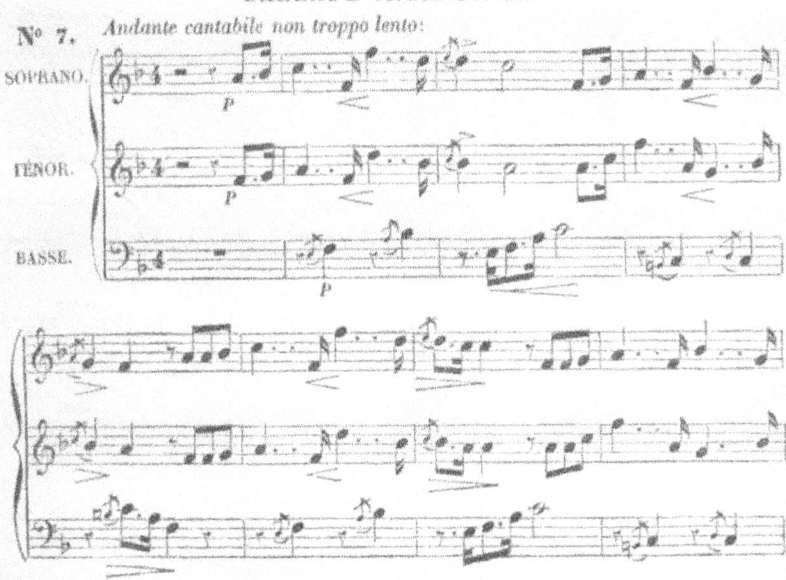

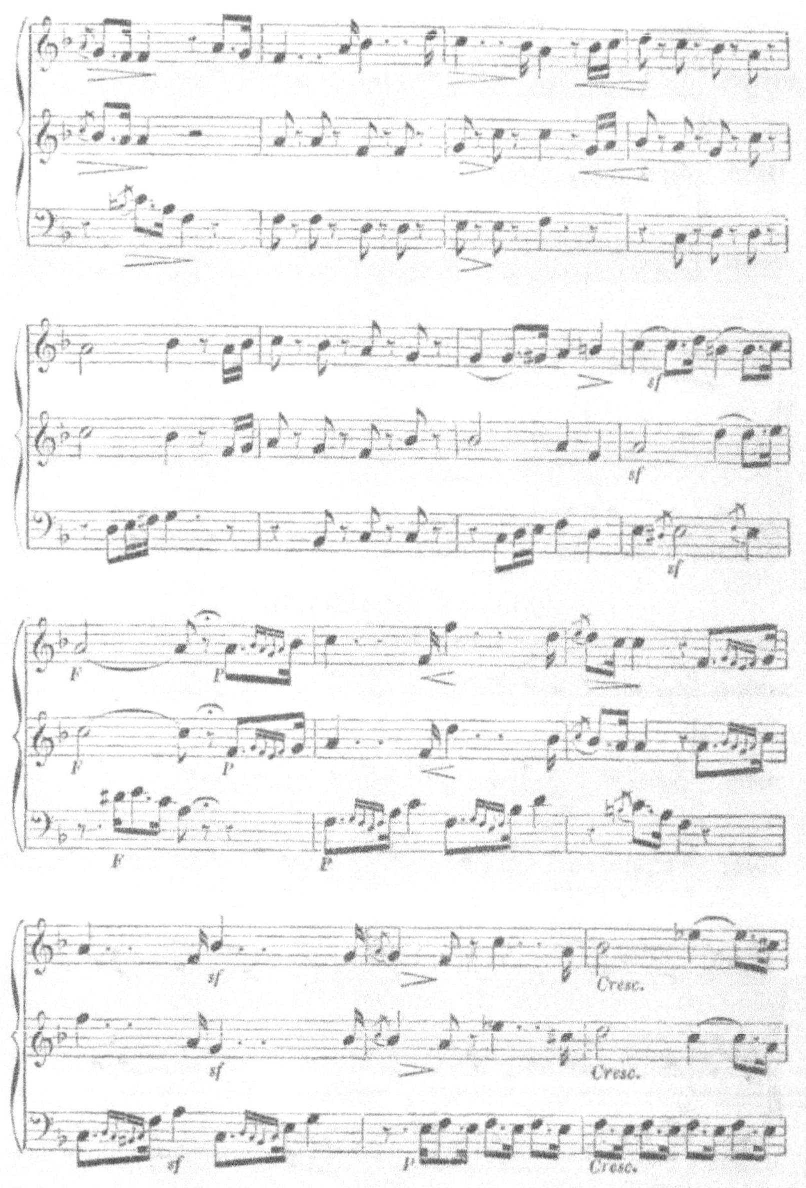
sf
sf
sf
F
F
F
P
P
sf
sf
sf
P
Cresc.
Cresc.
Cresc.

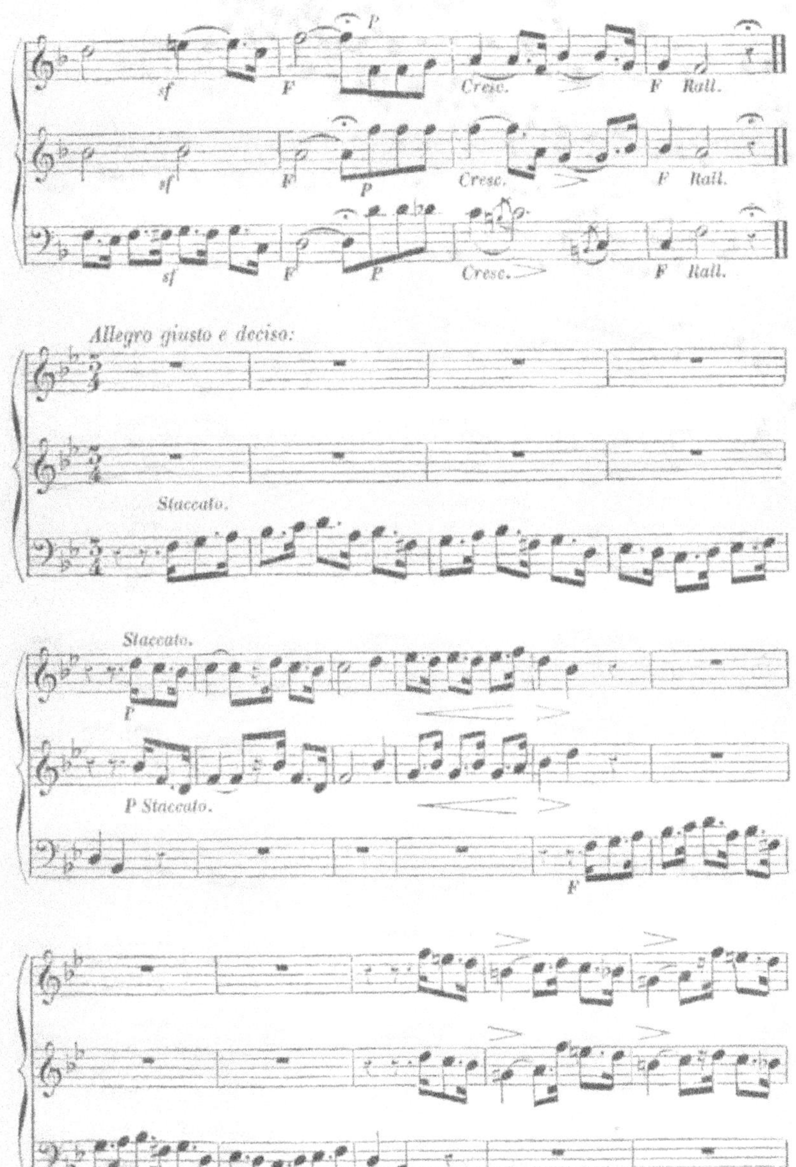
sf
F
P
Cresc.
F Rall.
sf
F
P
Cresc.
F Rall.
sf
F
P
Cresc.
F Rall.
Allegro giusto e deciso:
Staccato.
Staccato.
P
P Staccato.
F

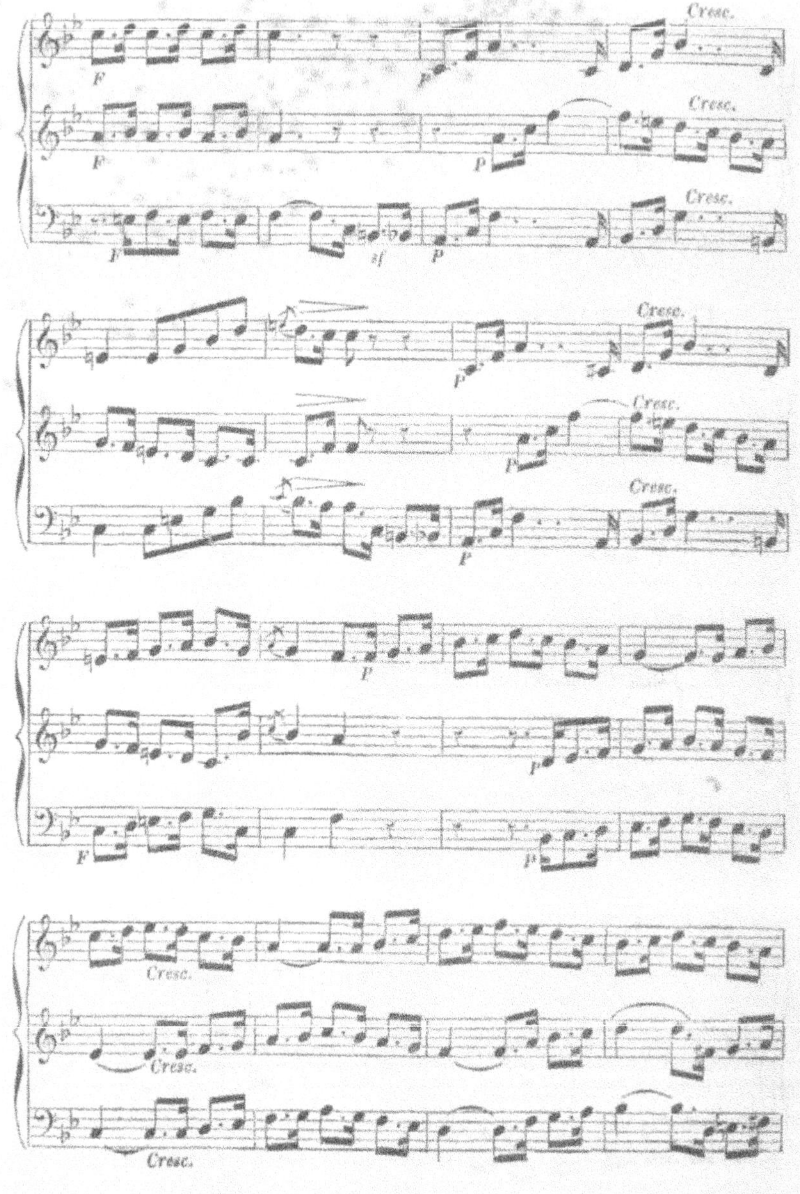
Cresc.
Cresc.
Cresc.
F
F
F
P
P
sf
P
Cresc.
Cresc.
Cresc.
P
P
P
P
P
P
F
Cresc.
Cresc.
Cresc.

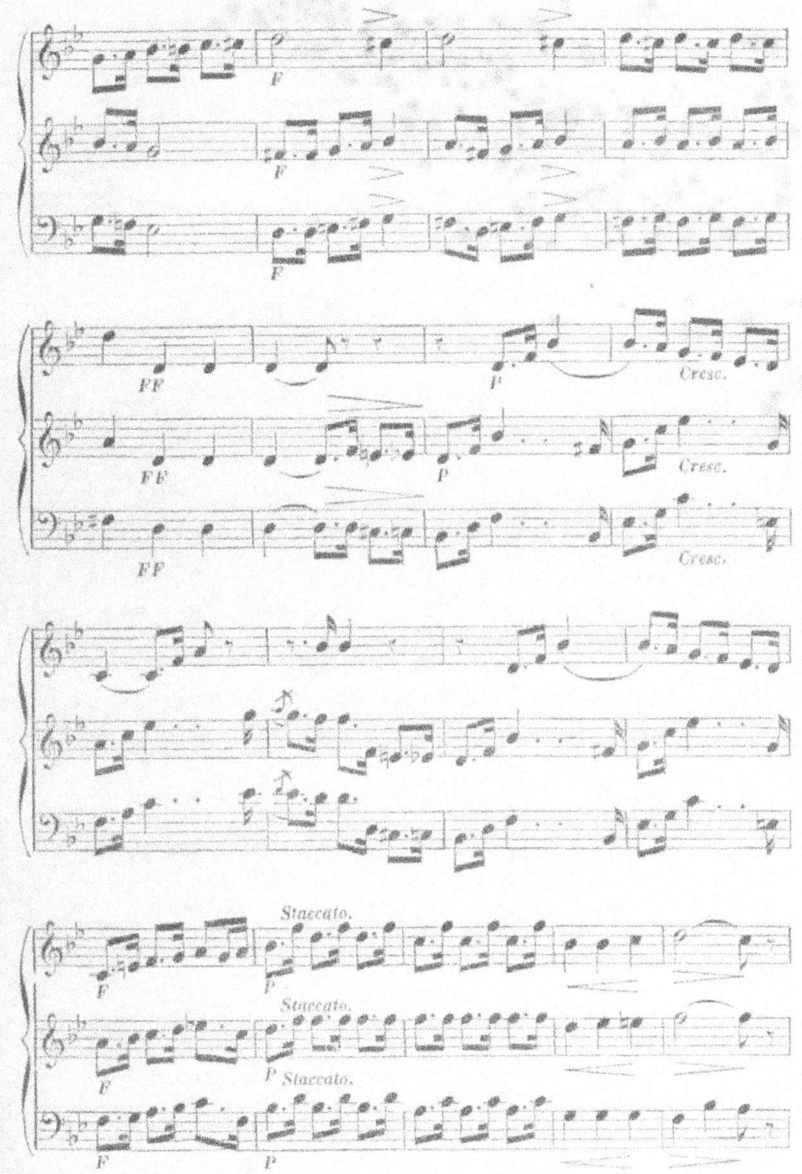
F
F
F
FF
FF
FF
Cresc.
Cresc.
Cresc.
F
P
Staccato.
F
Staccato.
F
P Staccato.
F
P

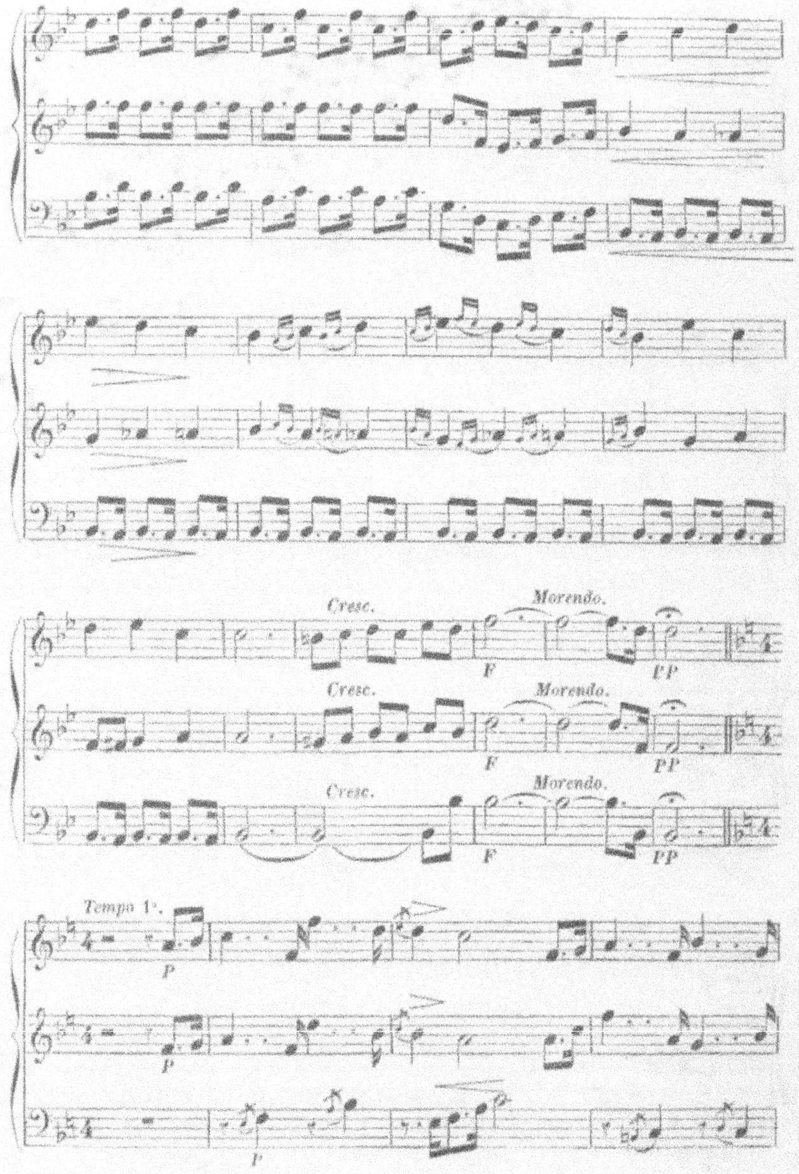
Cresc.
Morendo.
F
PP
Cresc.
Morendo.
F
PP
Cresc.
Morendo.
F
PP
Tempo 1°.
P
P
P

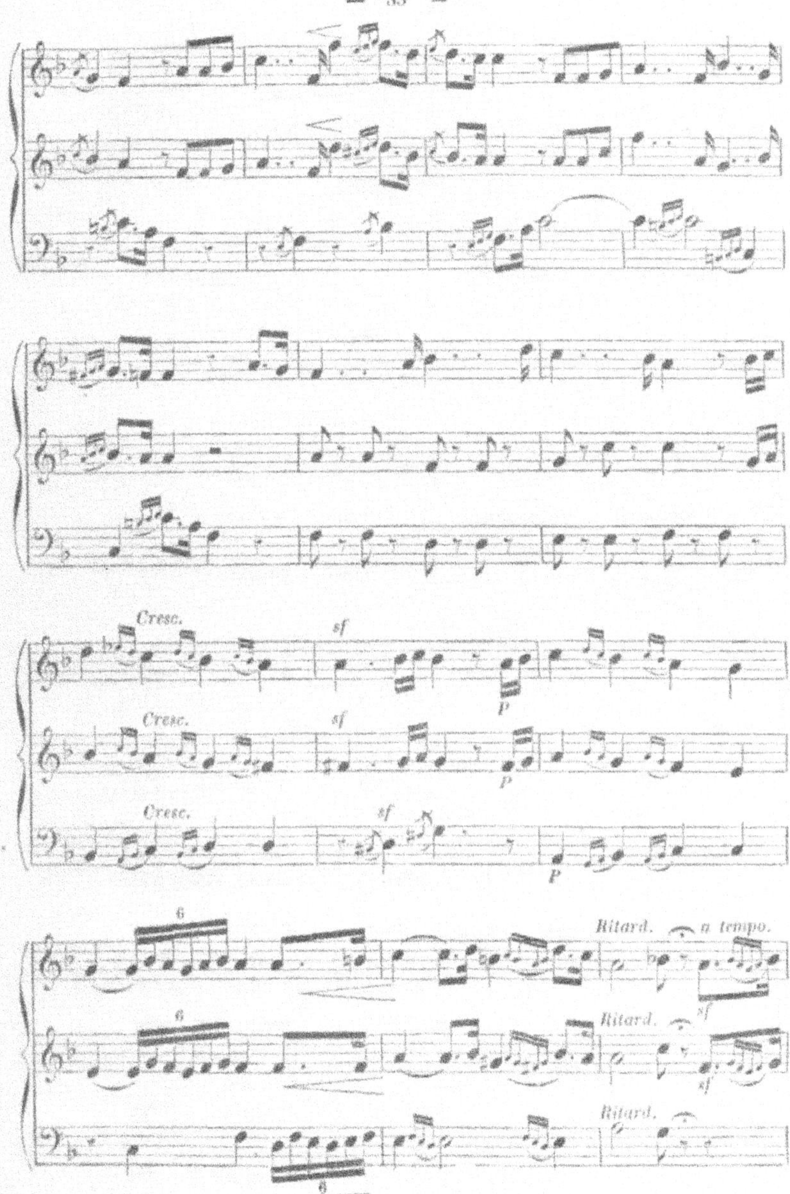
Cresc.
Cresc.
Cresc.
sf
sf
sf
p
p
P
6
6
6
Ritard.
Ritard.
Ritard.
a tempo.
sf

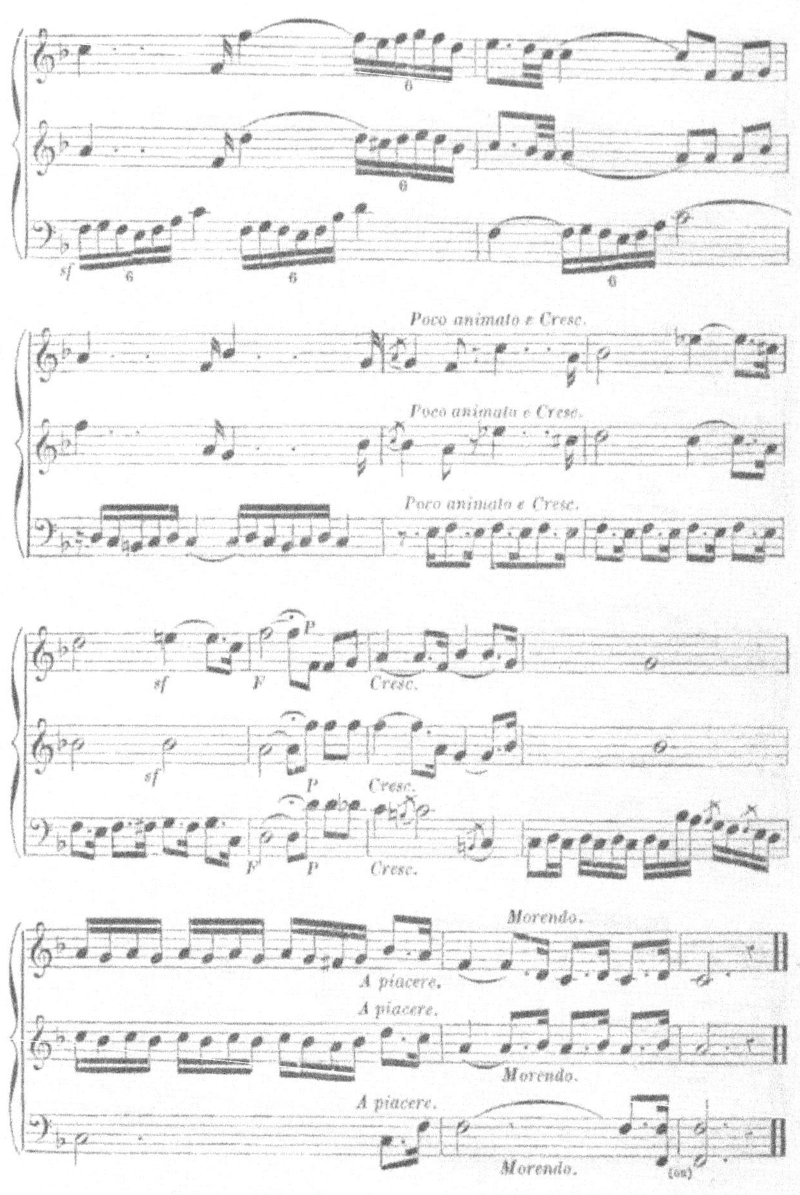
Poco animato e Cresc.
Poco animato e Cresc.
Poco animato e Cresc.
sf
sf
F
P
Cresc.
P
Cresc.
F
P
Cresc.
Morendo.
A piacere.
A piacere.
Morendo.
A piacere.
Morendo.
sf
6
6
6
6

GAMME DE *RÉ* MINEUR.

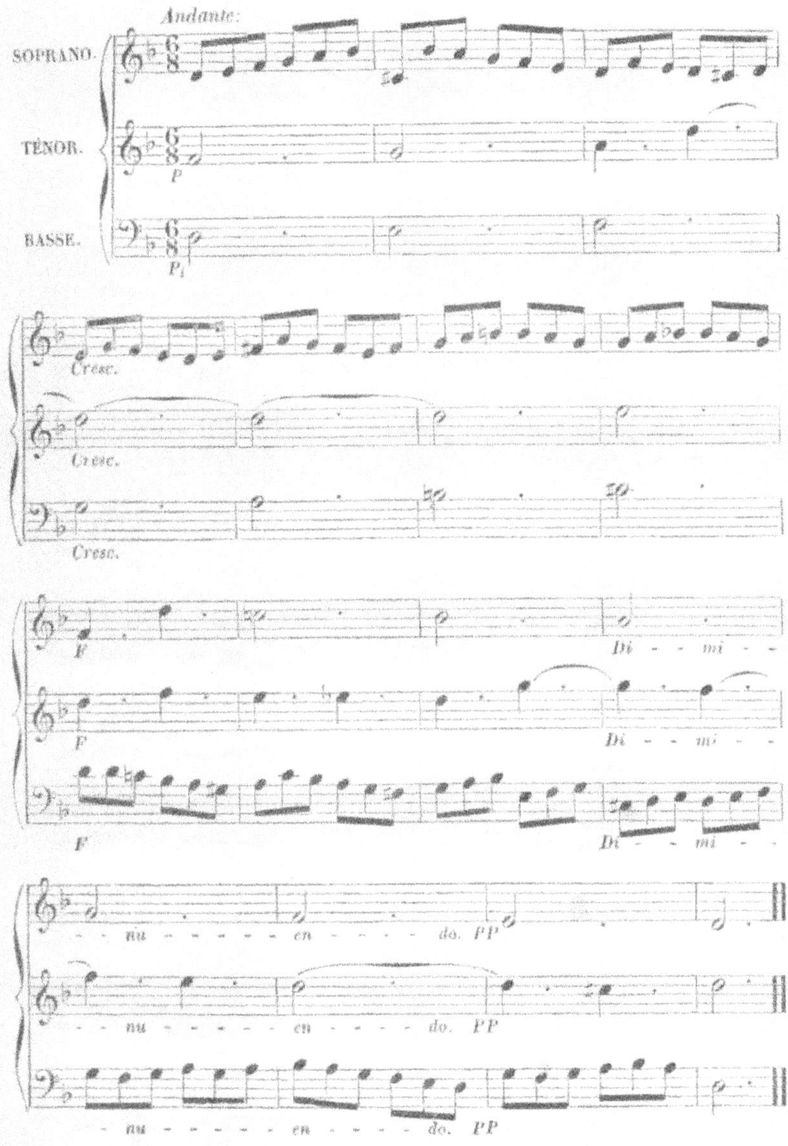

MADRIGAL.

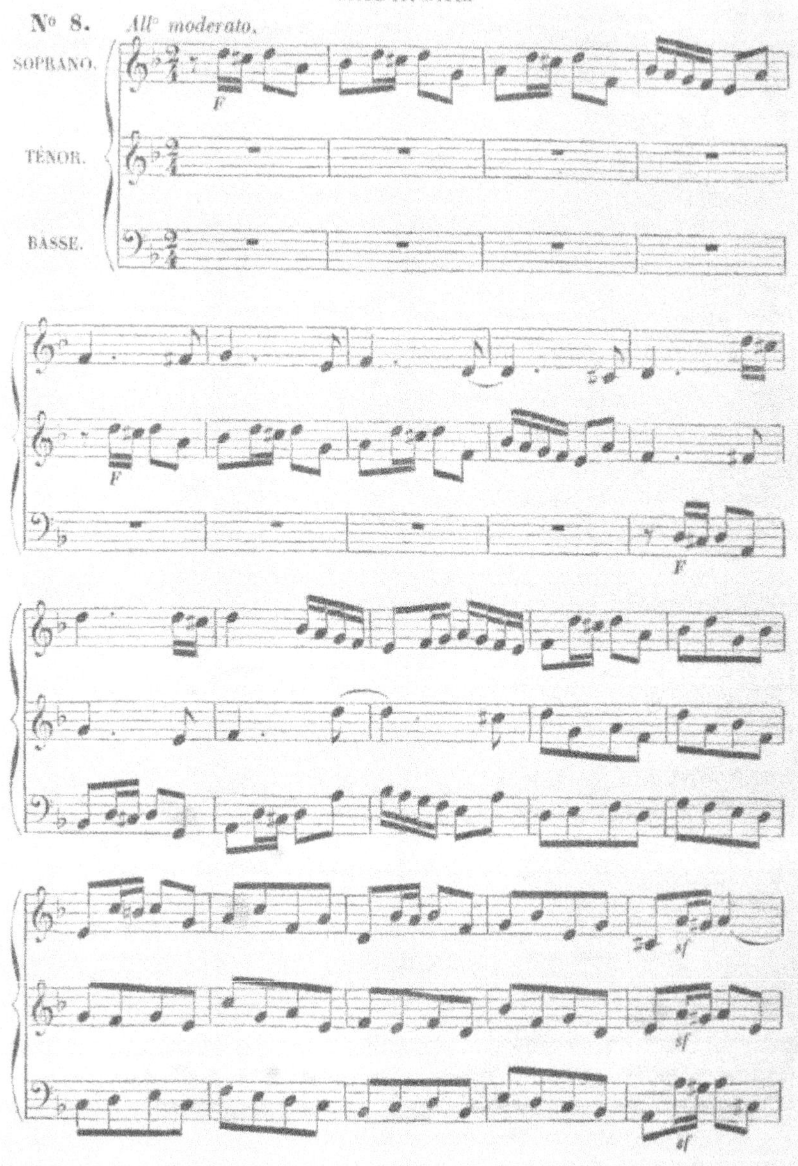

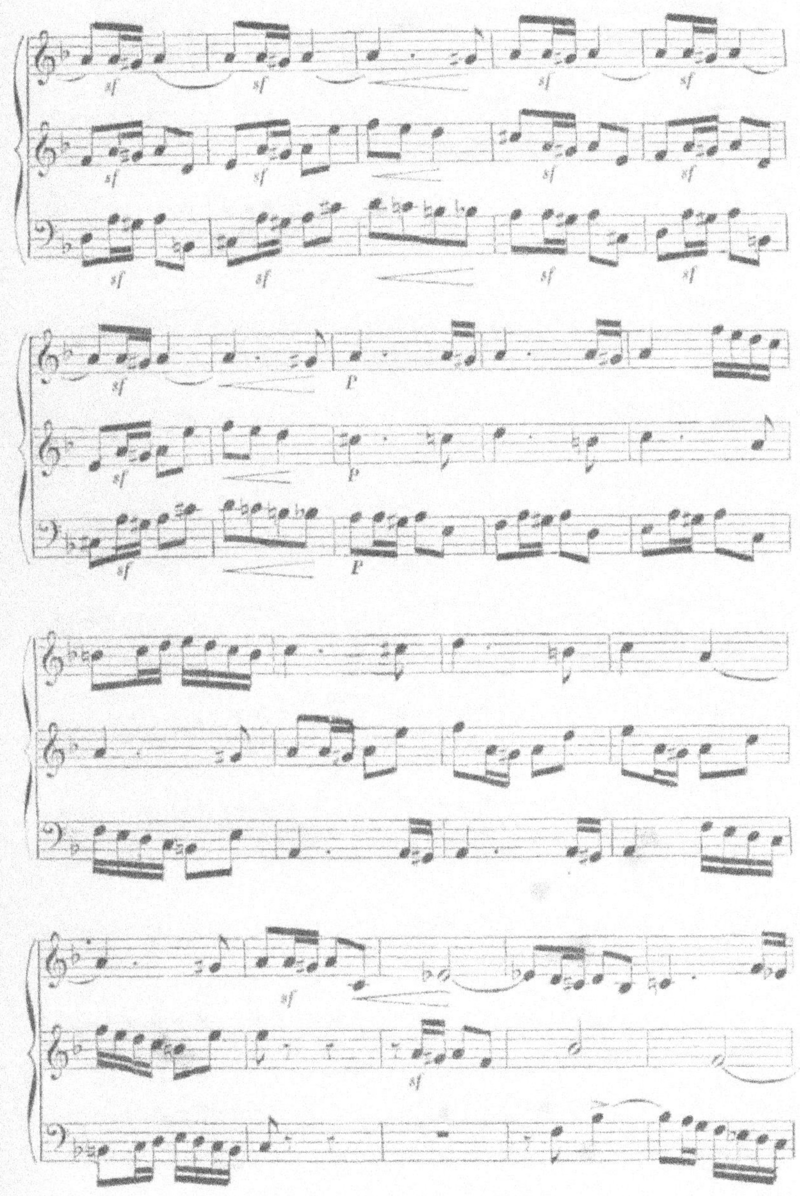

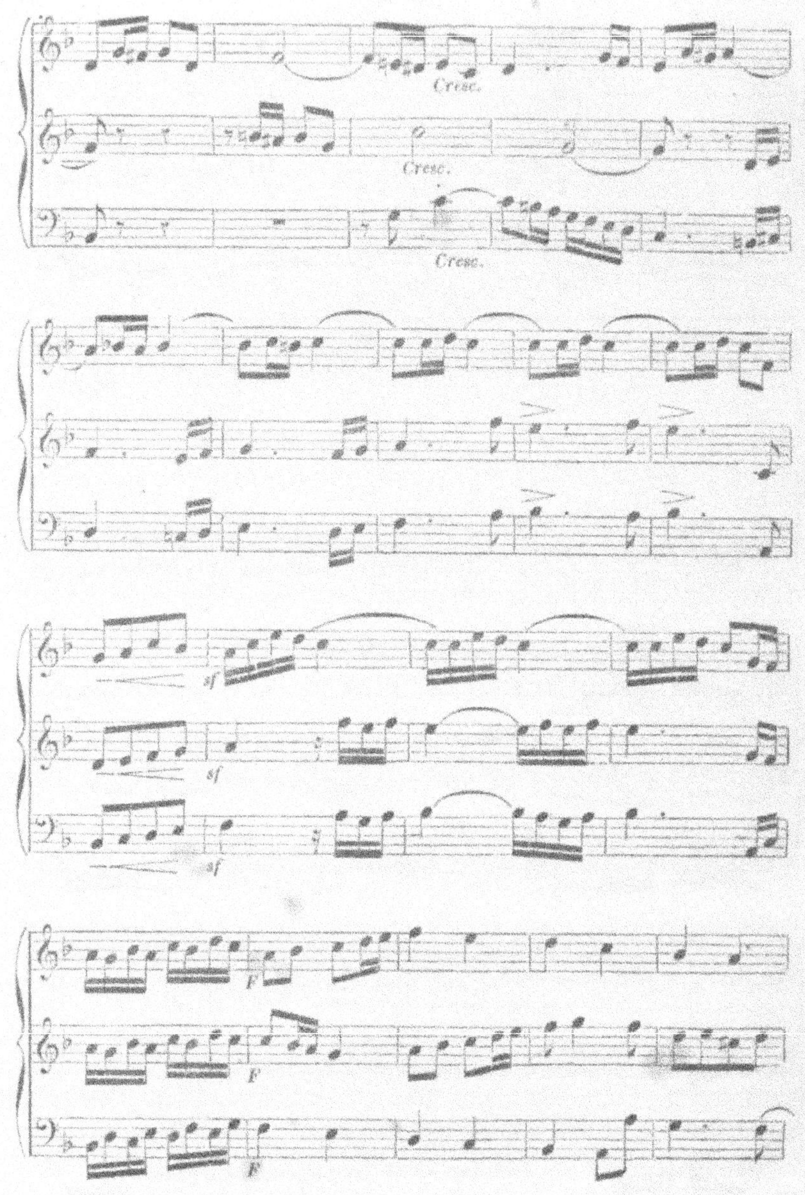
Cresc.
Cresc.
Cresc.
sf
sf
sf
F
F
F

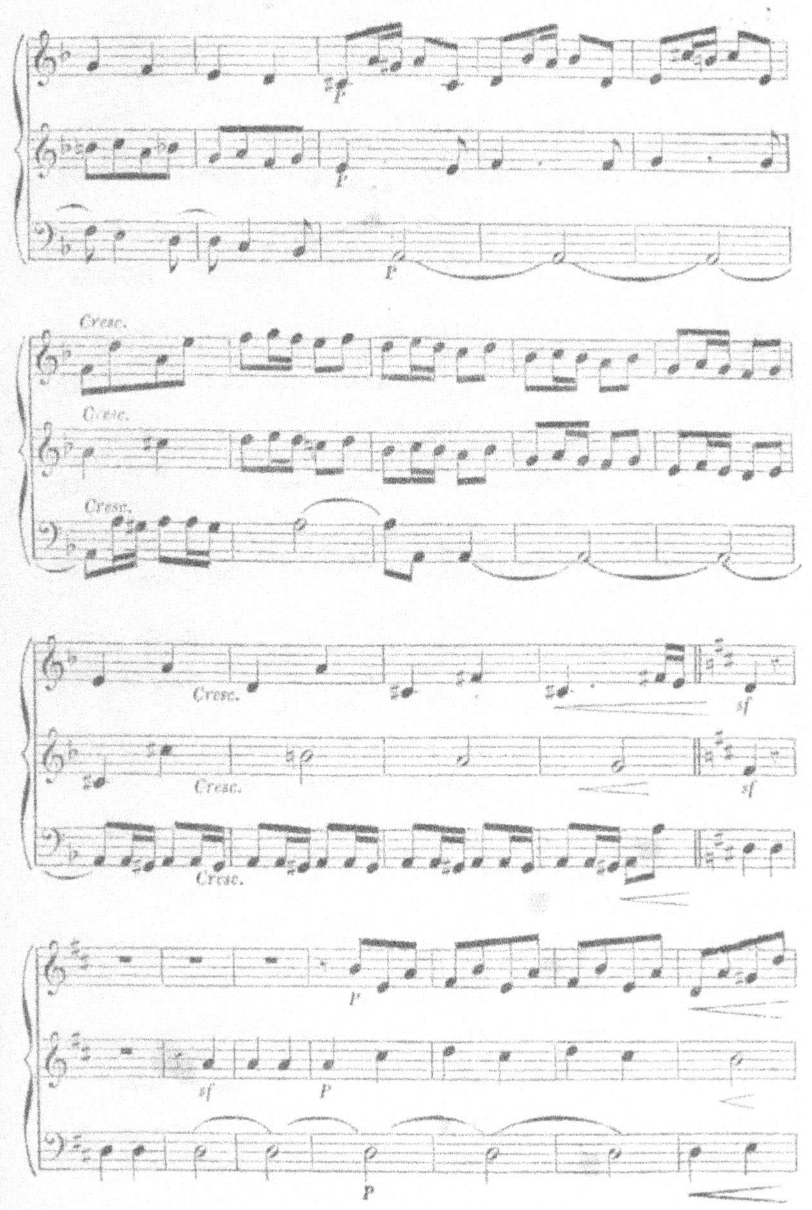

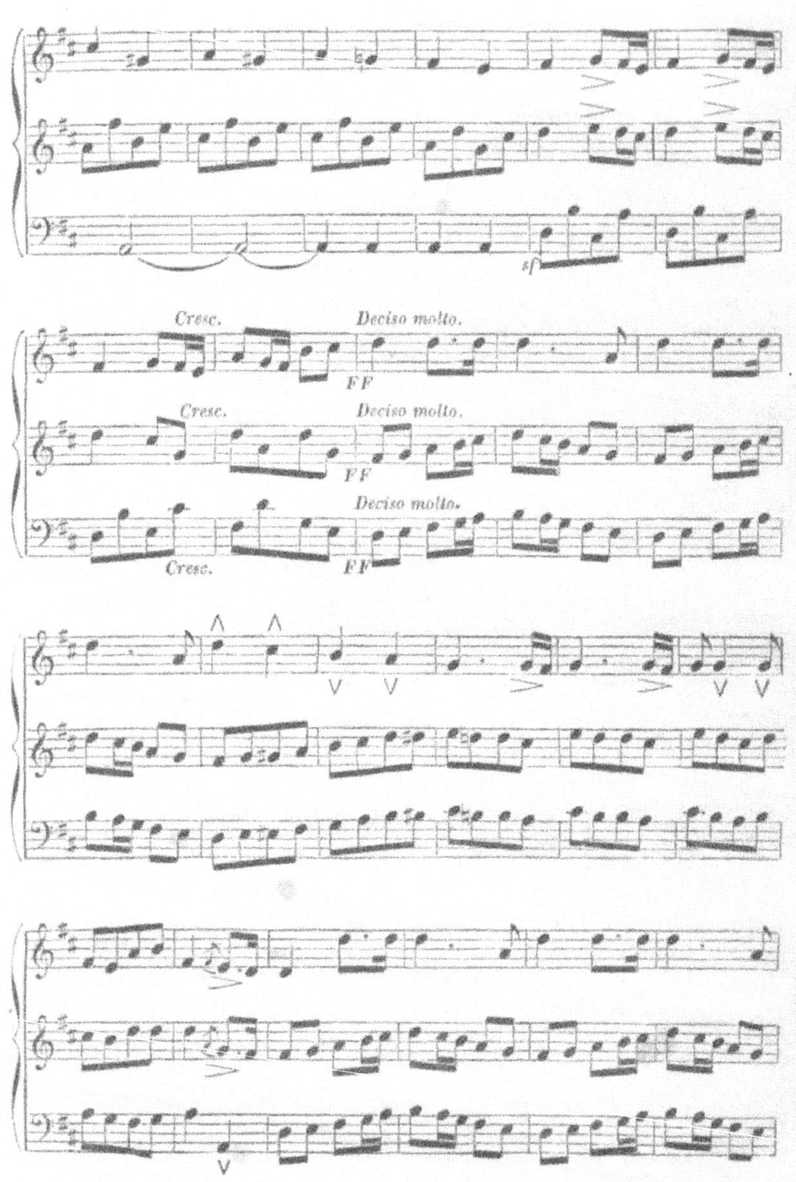
sf
Cresc.
Deciso molto.
FF
Cresc.
Deciso molto.
FF
Deciso molto.
Cresc.
FF

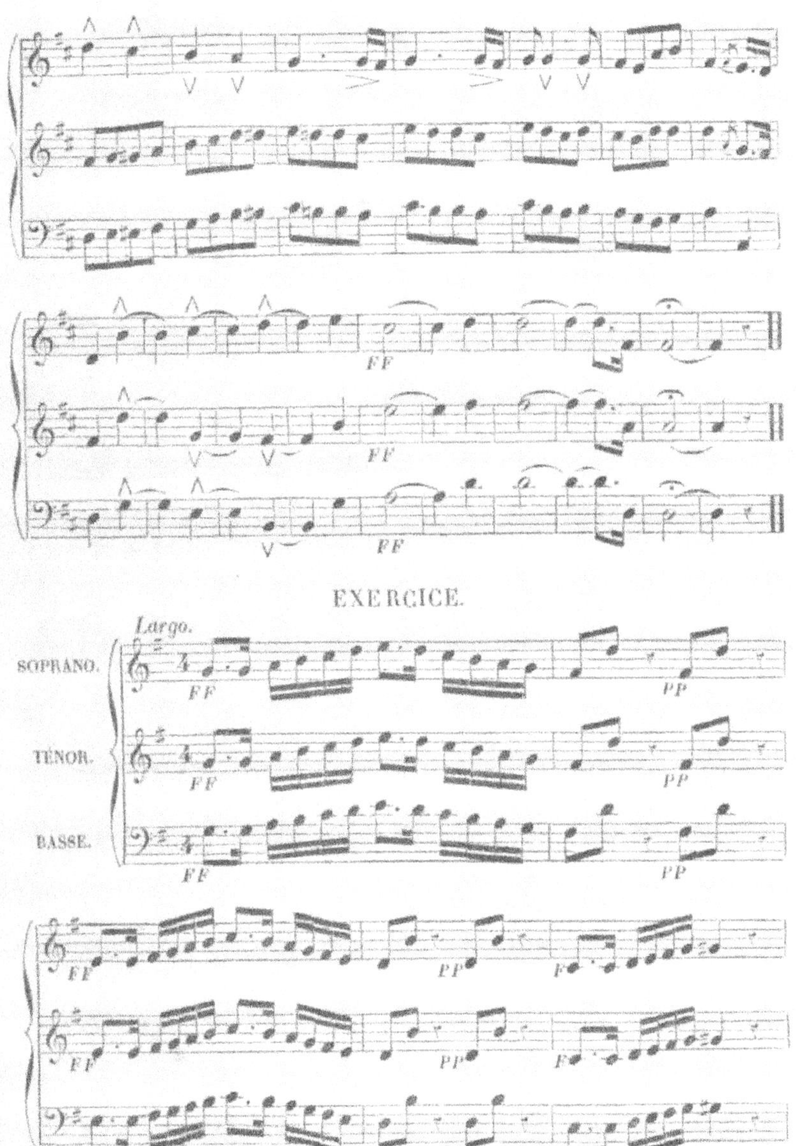

EXERCICE.

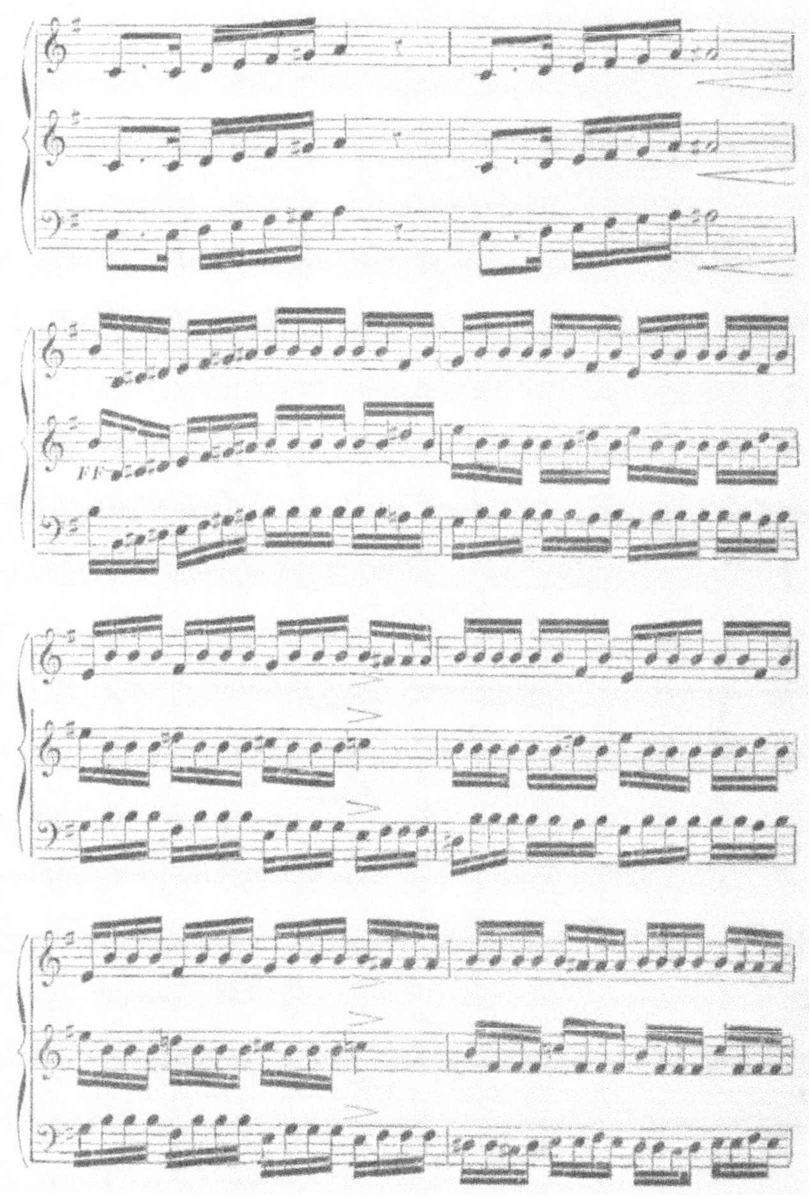

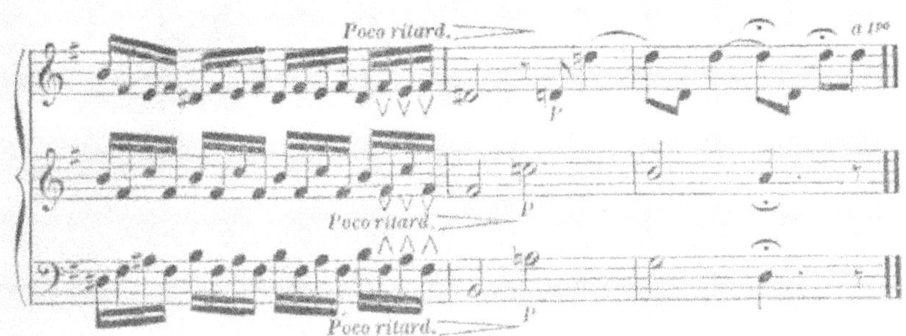

CANTABILE.

Nº 9. *Largo cantabile non troppo lento.*

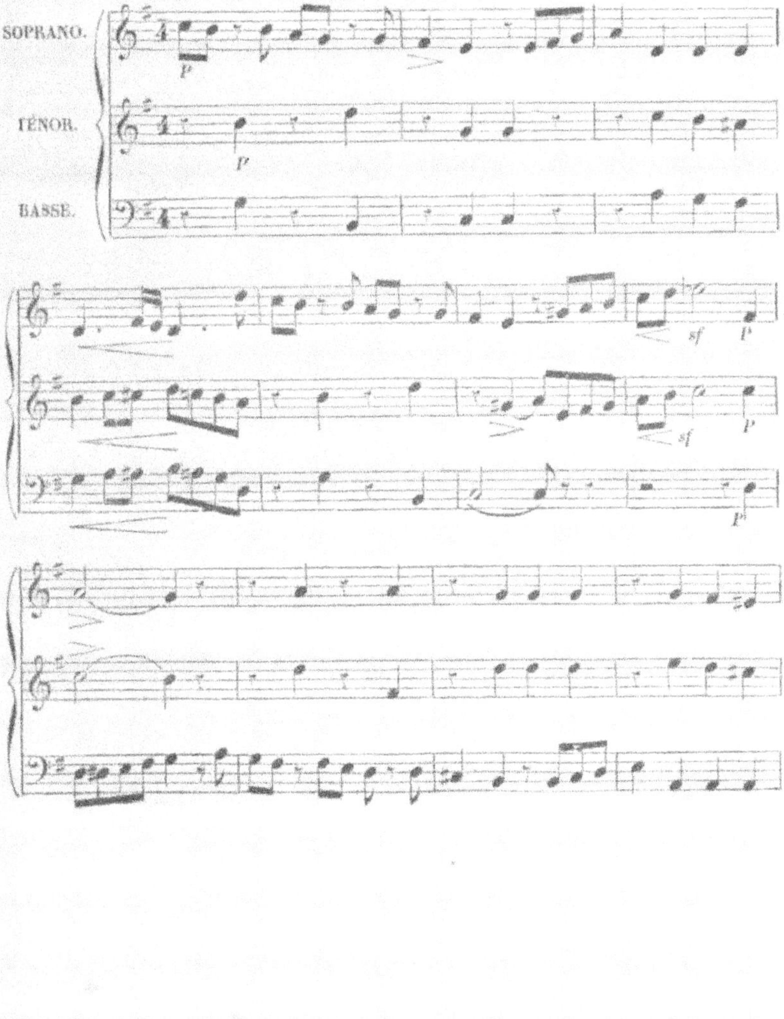

SOPRANO.

TÉNOR.

BASSE.

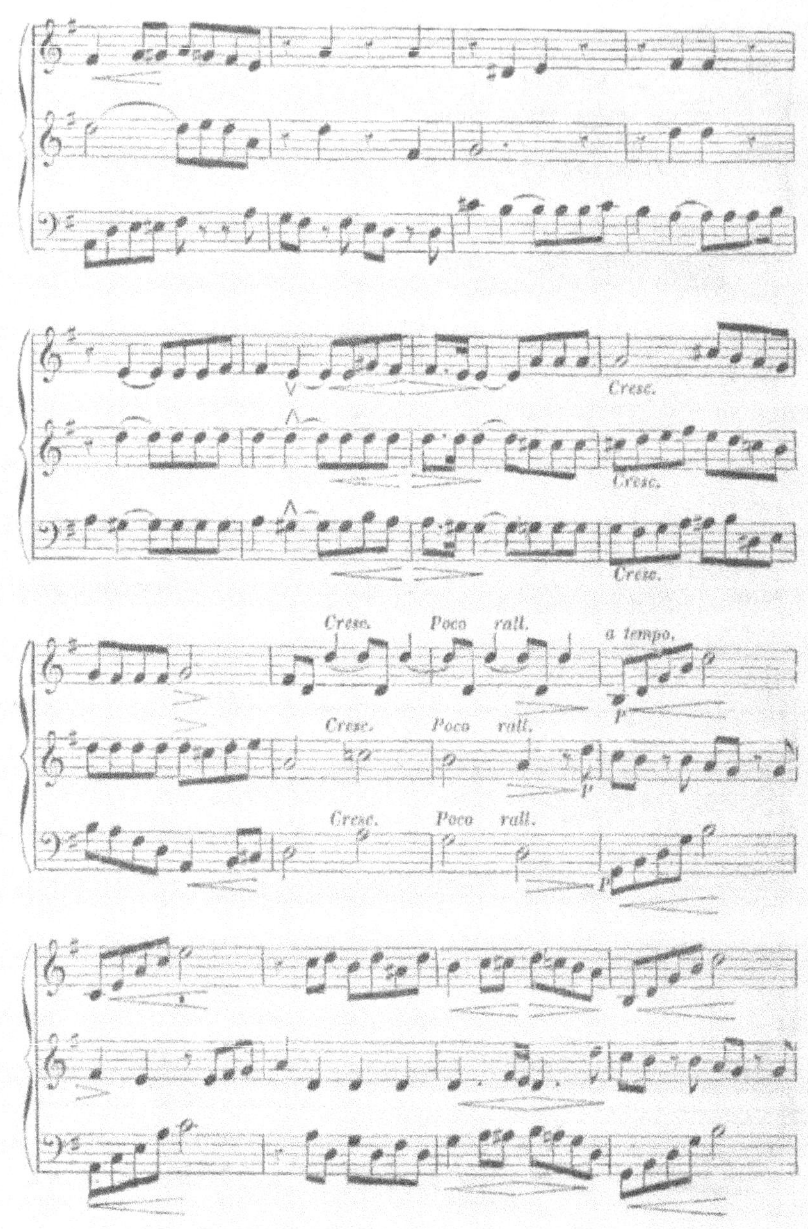

Cresc.
Cresc.
Cresc.
Cresc.
Poco rall.
a tempo,
Cresc.
Poco rall.
Cresc.
Poco rall.

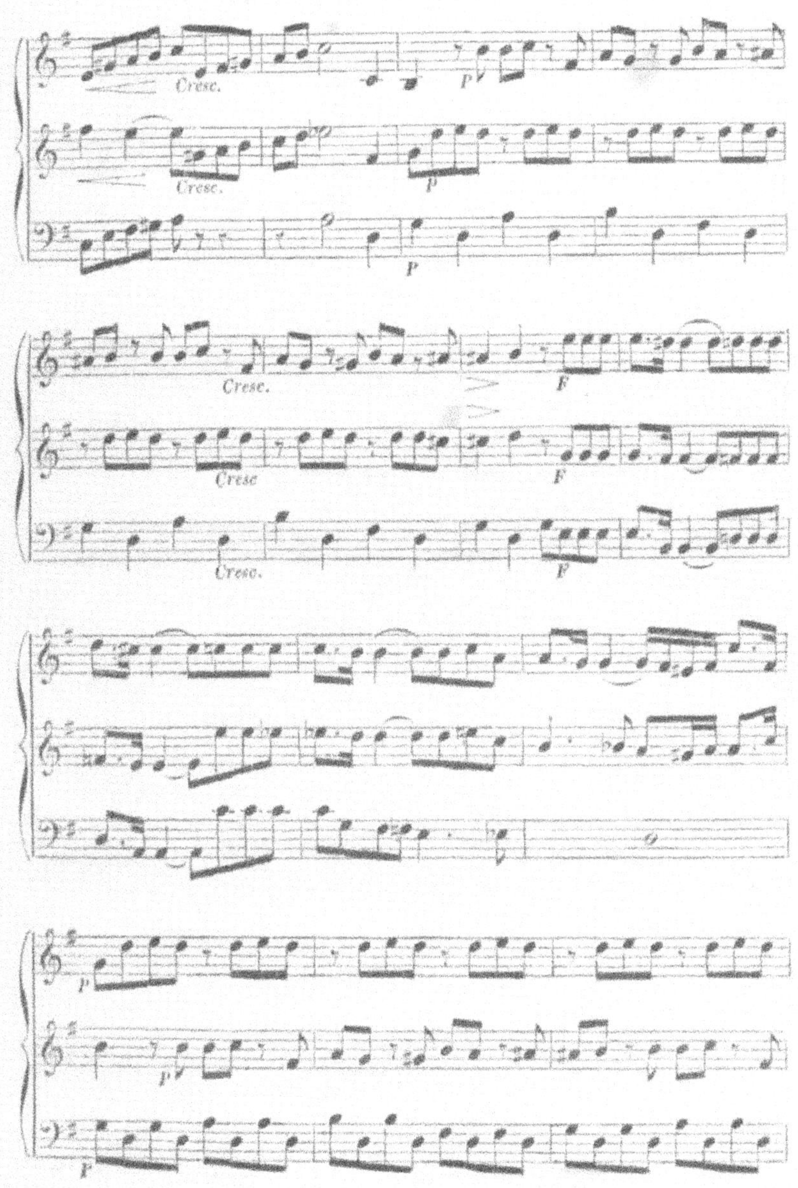

Cresc.
p
Cresc.
p
p
Cresc.
Cresc
F
Cresc.
F
F
p
p
p

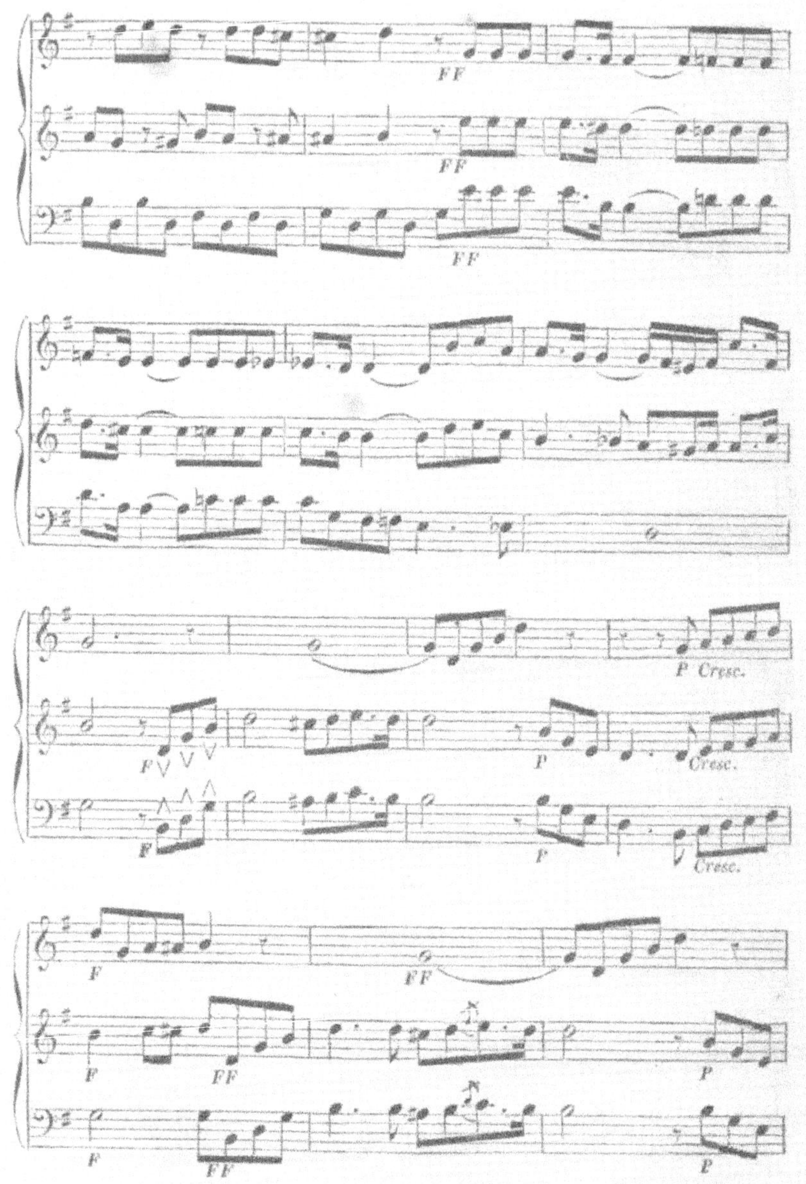

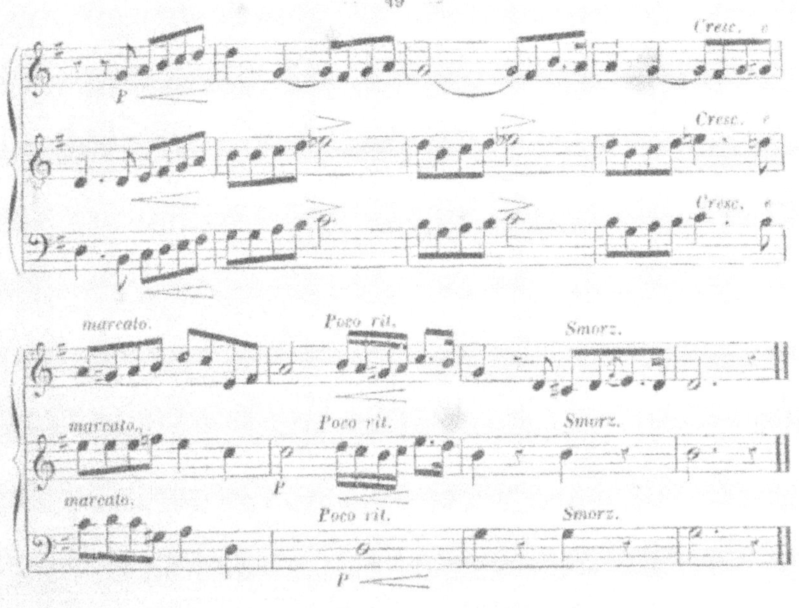

GAMME DE *MI* MINEUR.

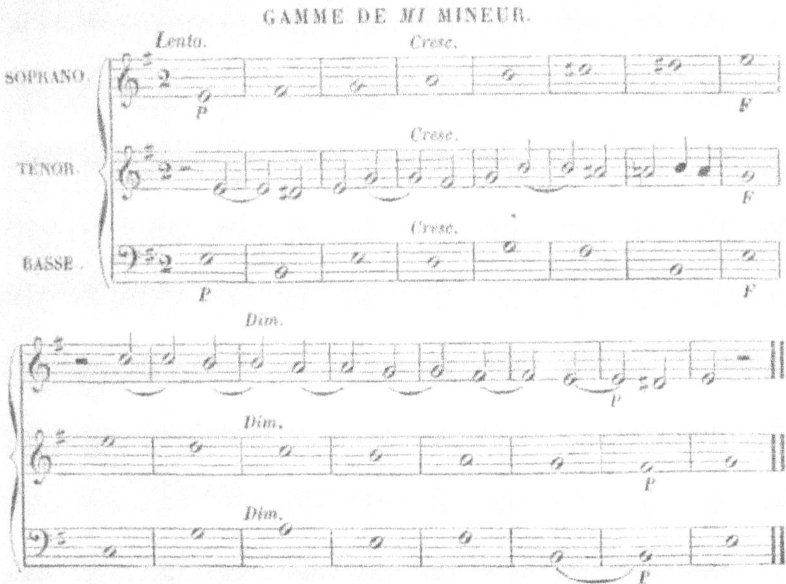

TARENTELLE.

N° 10.
Allegro:
SOPRANO
TÉNOR
BASSE.
P
P
F
Cresc.
Sempre più cresc.
Cresc.
Sempre più cresc.
Cresc.
Sempre più cresc.
F
F
F

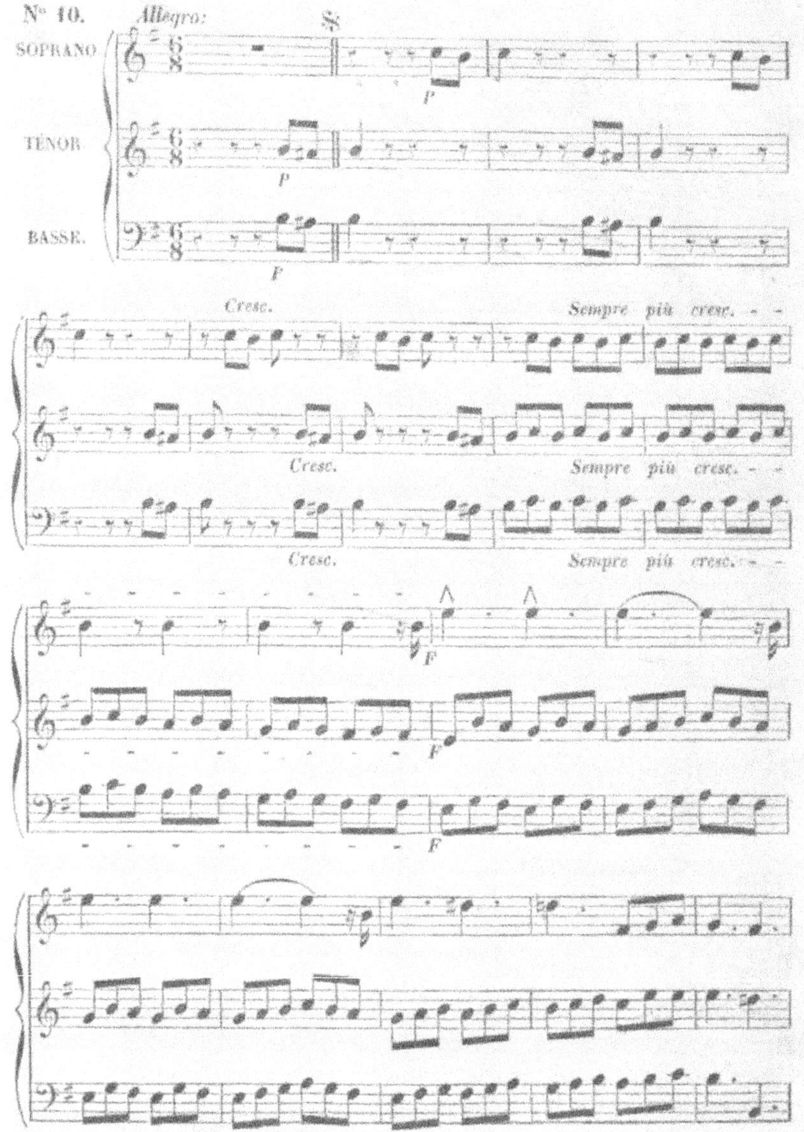

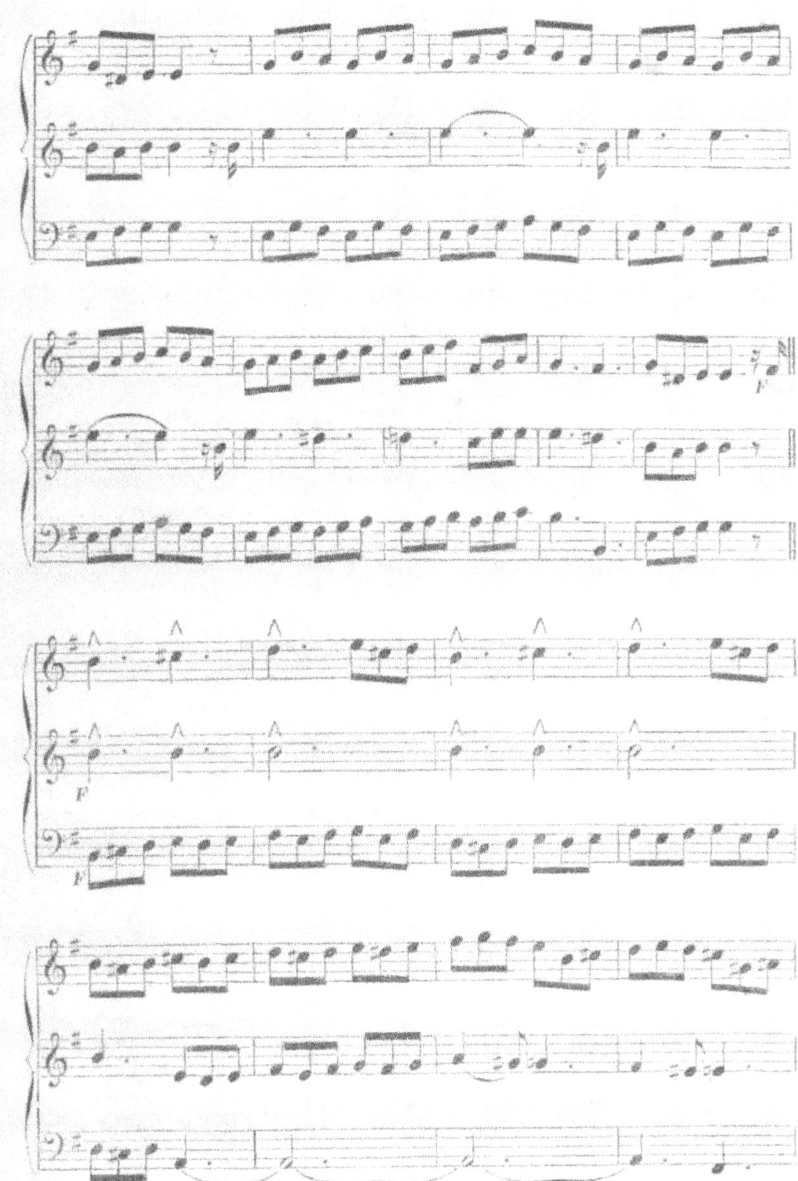

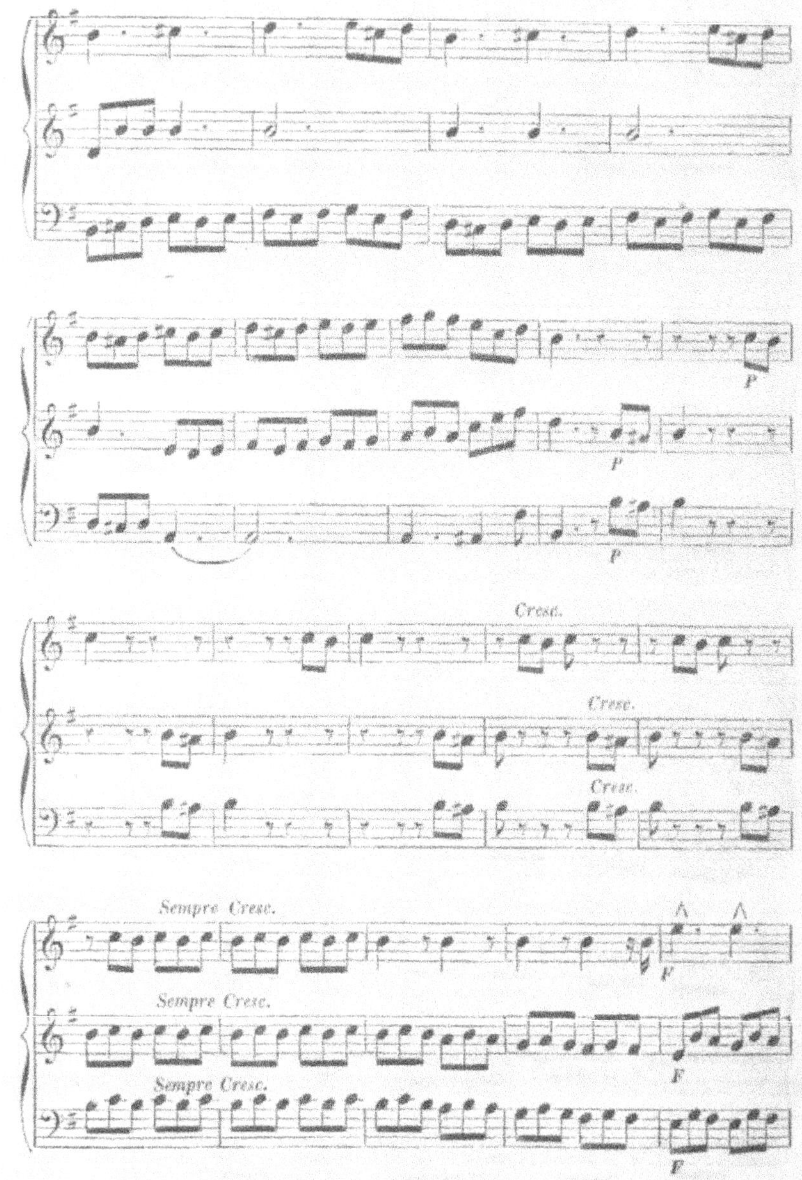
Cresc.
Cresc.
Cresc.
Sempre Cresc.
Sempre Cresc.
Sempre Cresc.

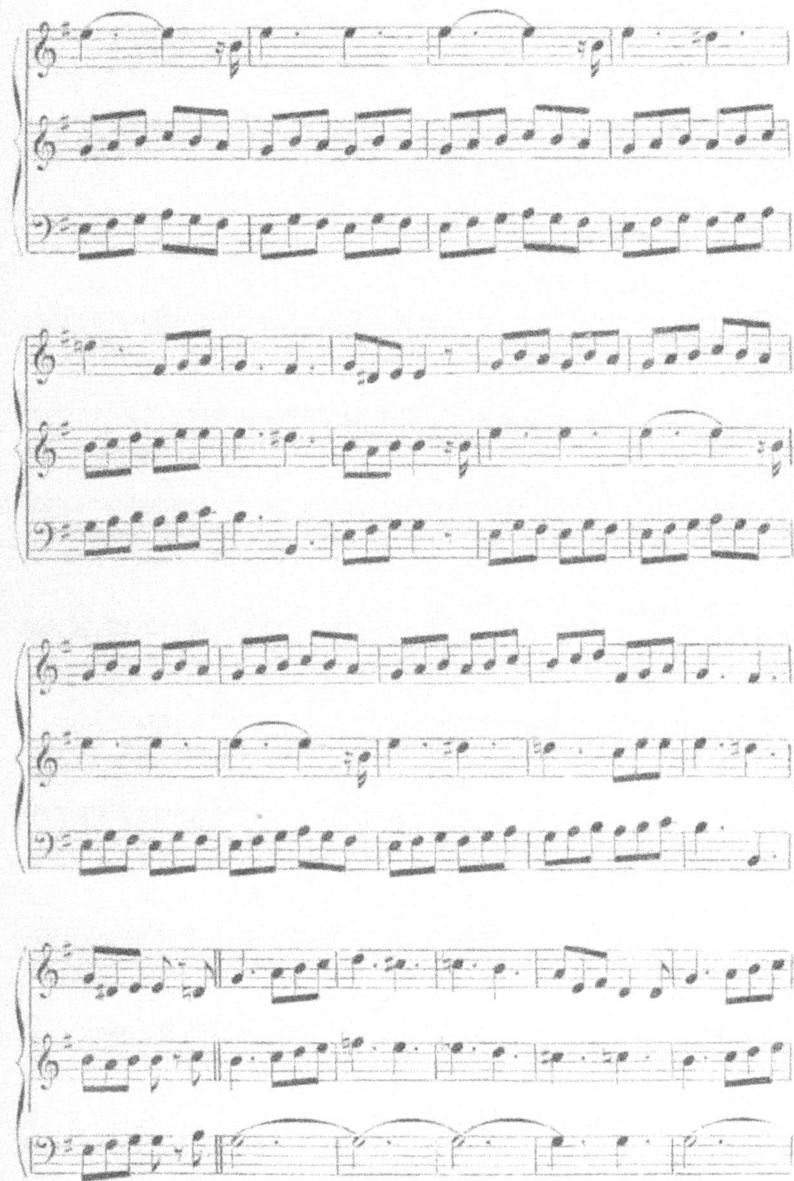

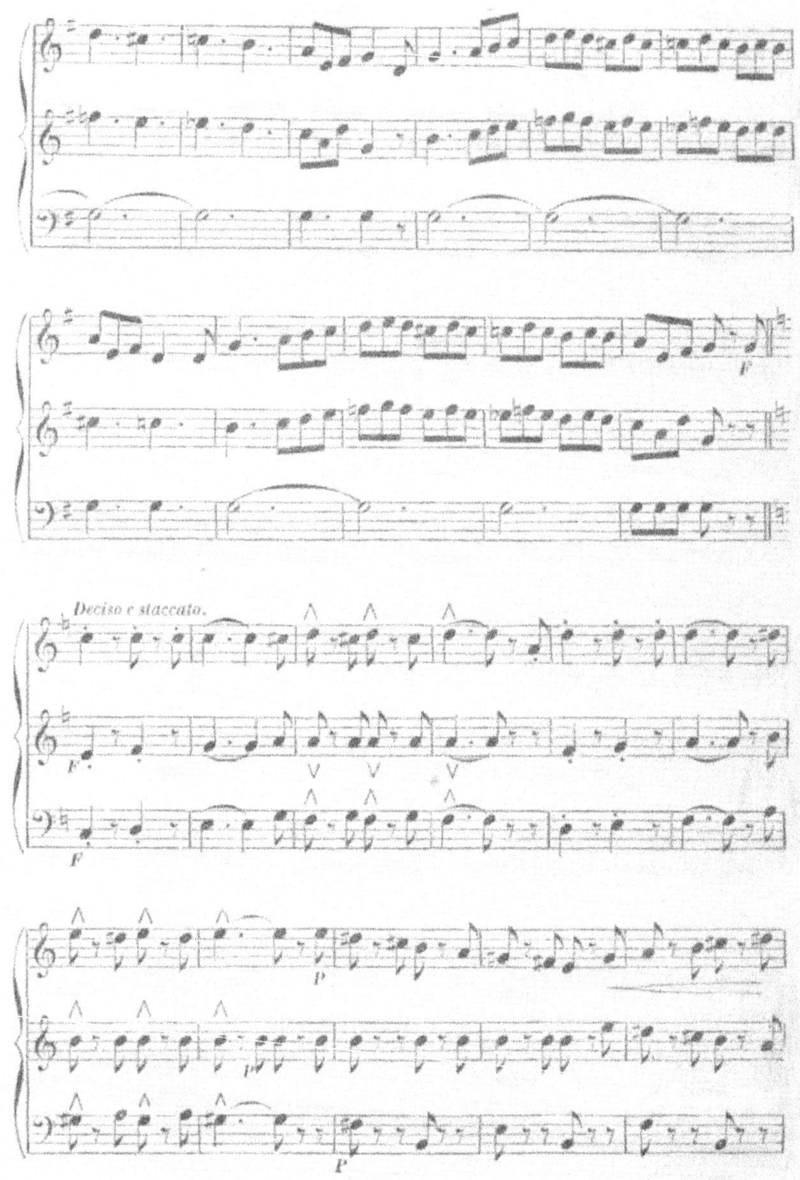
Deciso e staccato.

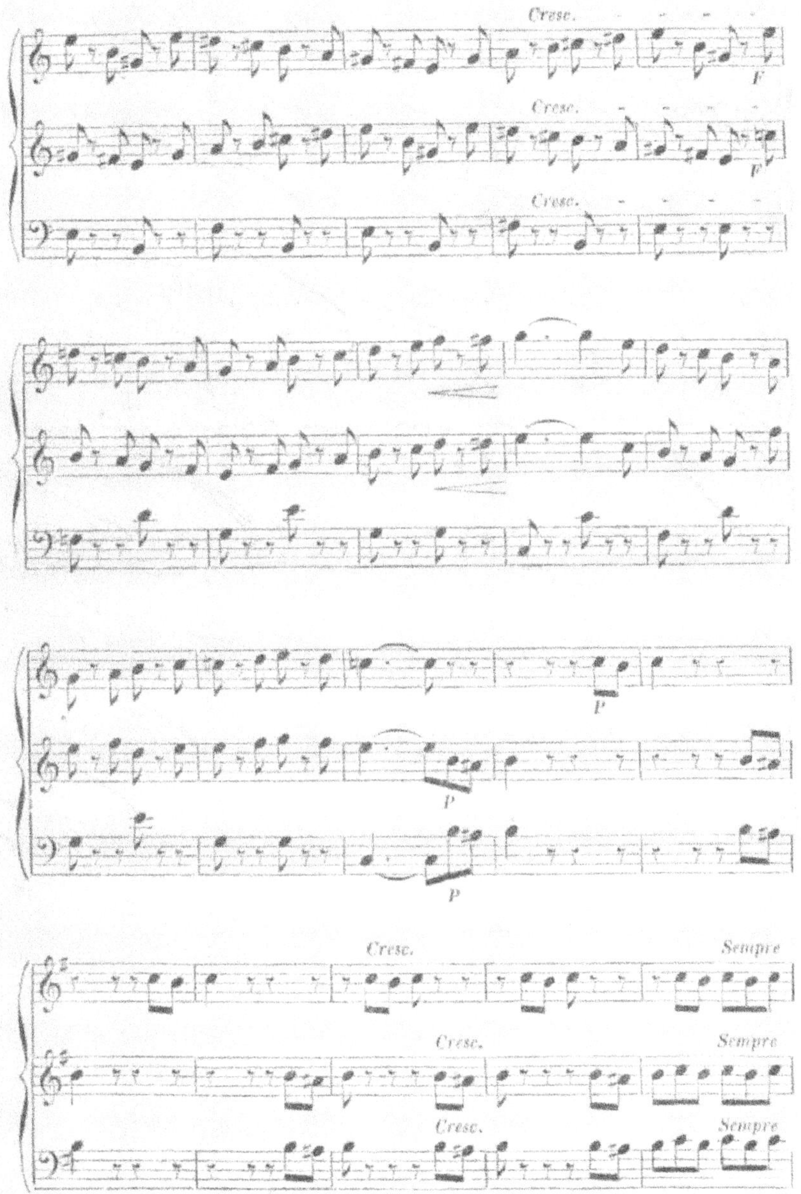
Cresc.
Cresc.
Cresc.
F
F
P
P
P
Cresc.
Sempre
Cresc.
Sempre
Cresc.
Sempre

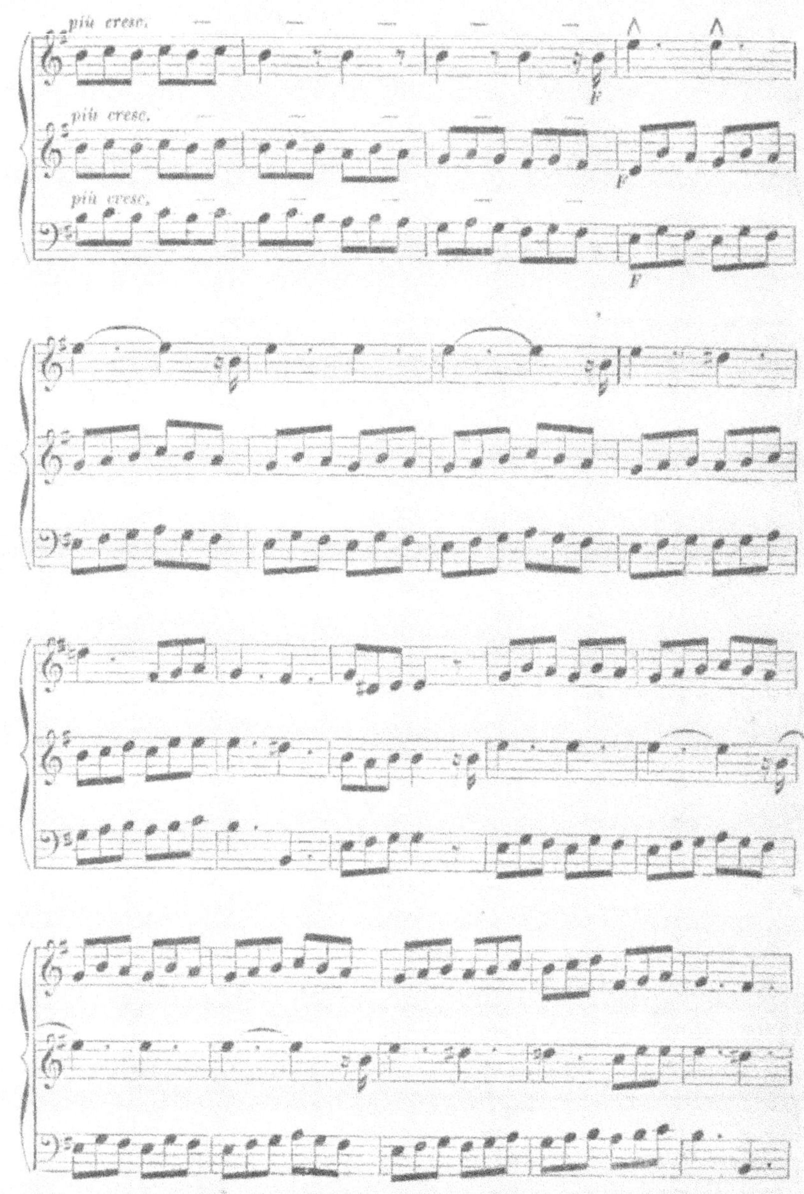
più cresc.
più cresc.
più cresc.

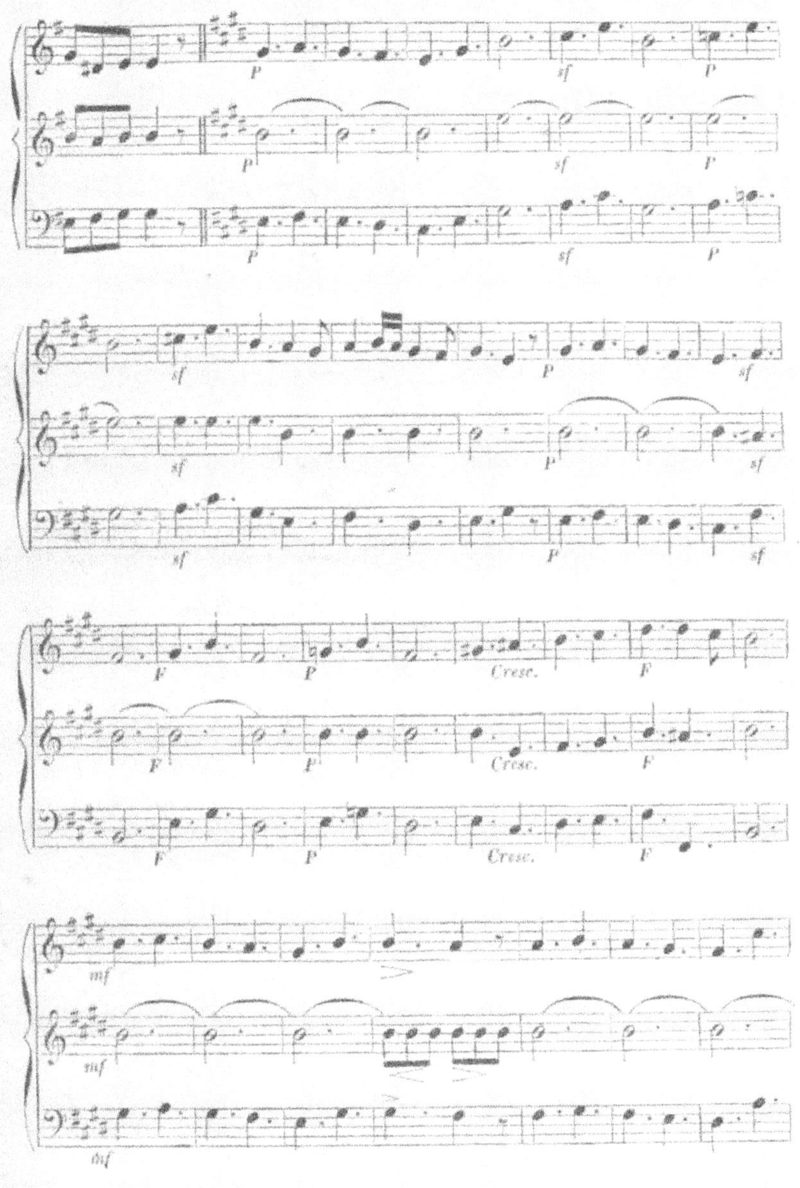
p
sf
p
p
sf
p
p
sf
p
sf
sf
sf
p
sf
p
sf
F
P
Cresc.
F
F
P
Cresc.
F
F
P
Cresc.
F
mf
mf
mf

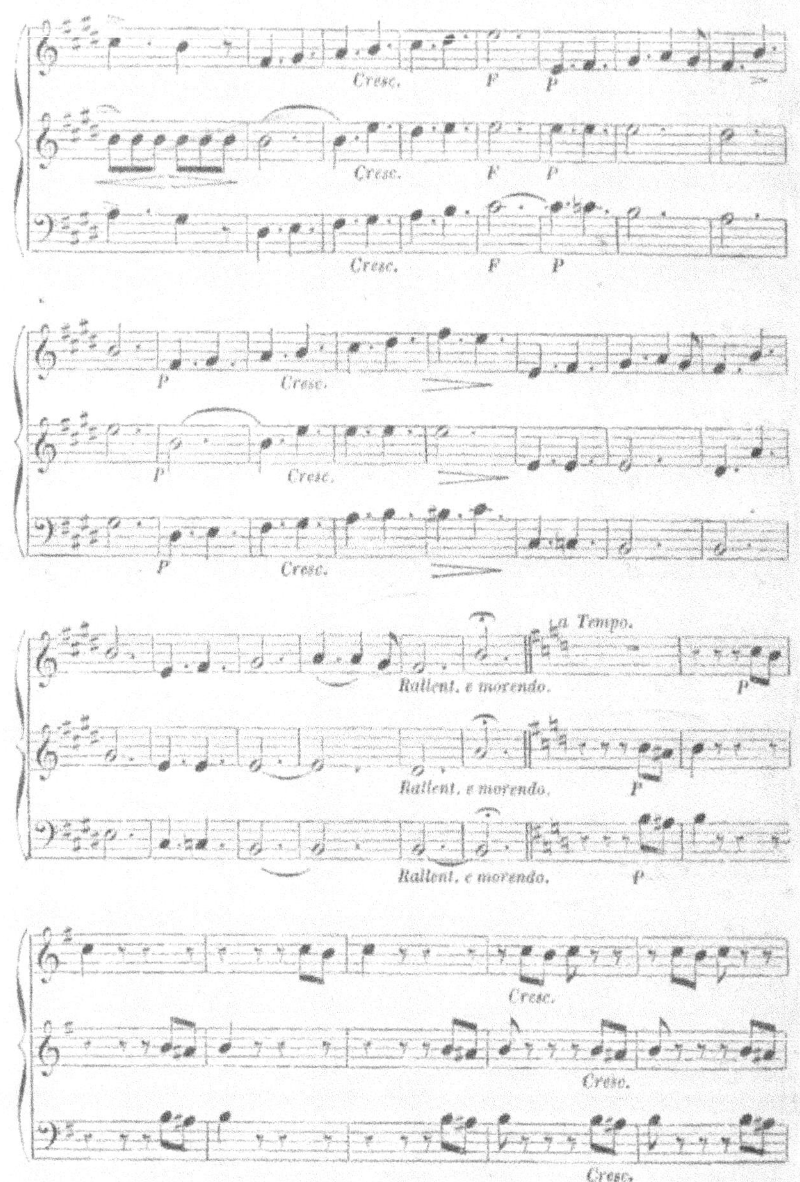
Cresc.
F
P
Cresc.
F
P
Cresc.
F
P
P
Cresc.
P
Cresc.
P
Cresc.
a Tempo.
Rallent. e morendo.
P
Rallent. e morendo.
P
Rallent. e morendo.
P
Cresc.
Cresc.
Cresc.

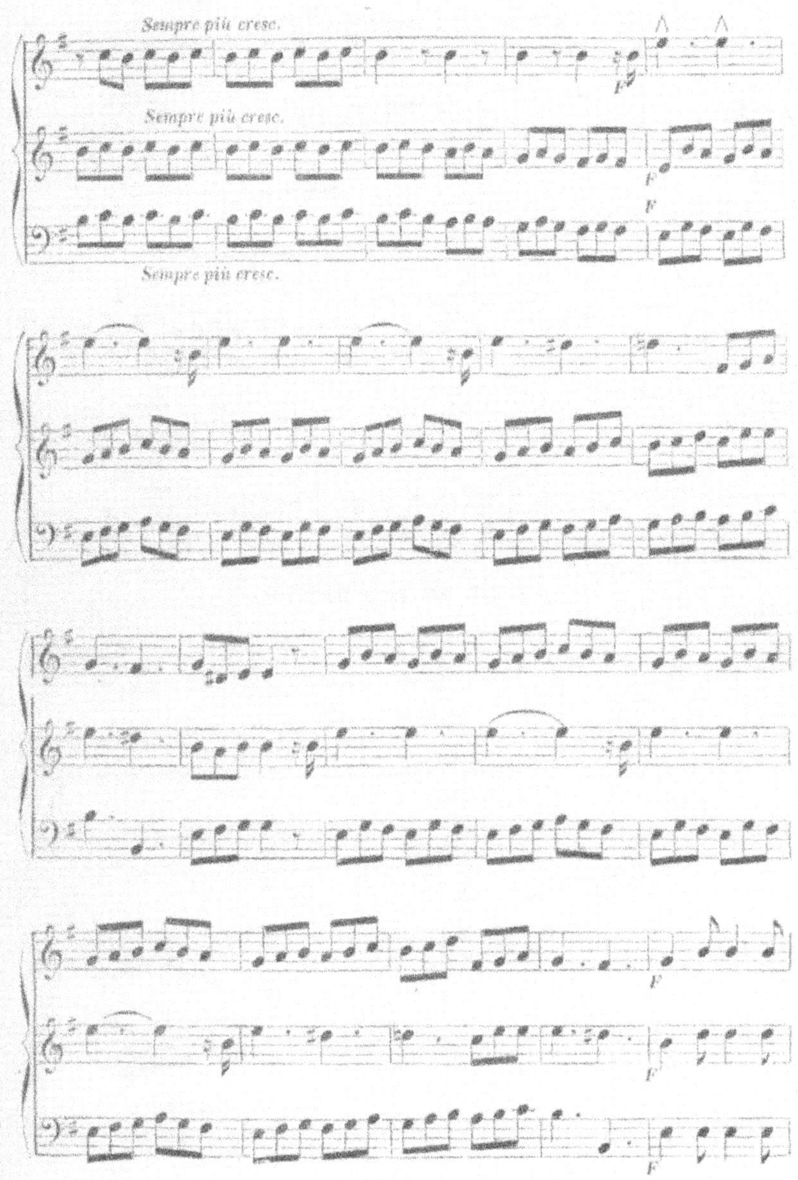
Sempre più cresc.
Sempre più cresc.
Sempre più cresc.

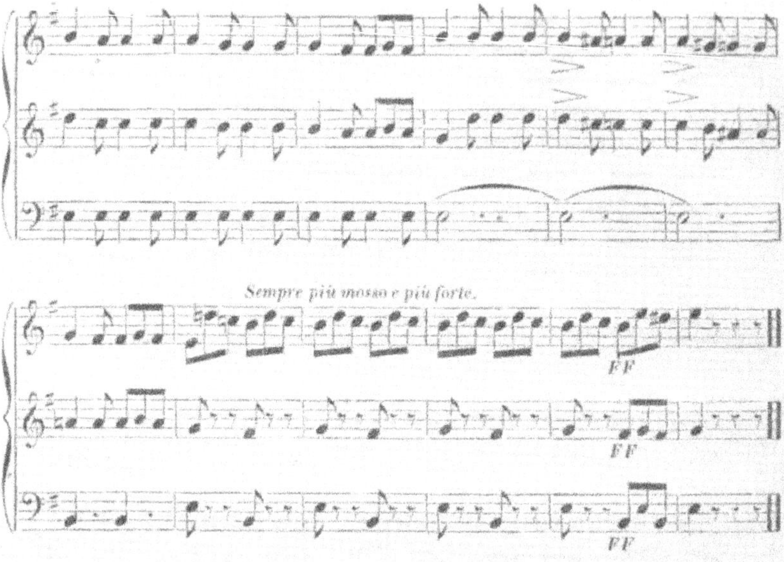

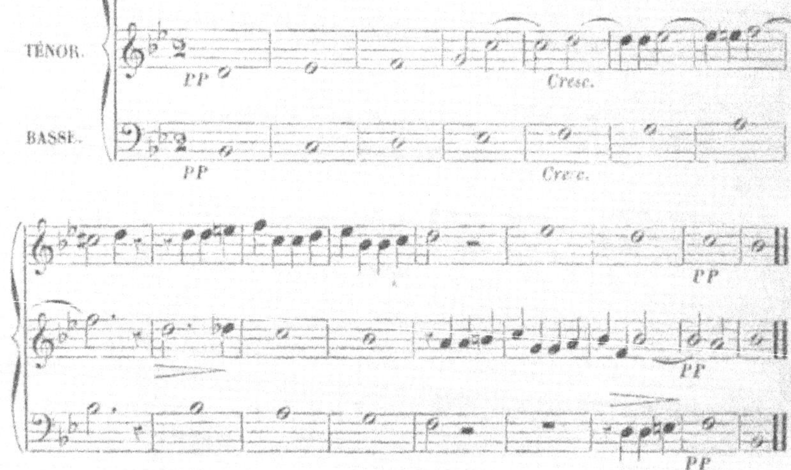
Sempre più mosso e più forte.
FF
FF
FF
GAMME DE SI ♭ MAJEUR.
Cantabile:
SOPRANO.
TÉNOR.
BASSE.
PP
PP
PP
Cresc.
Cresc.
Cresc.
PP
PP
PP

INTRODUCTION ET CANON.

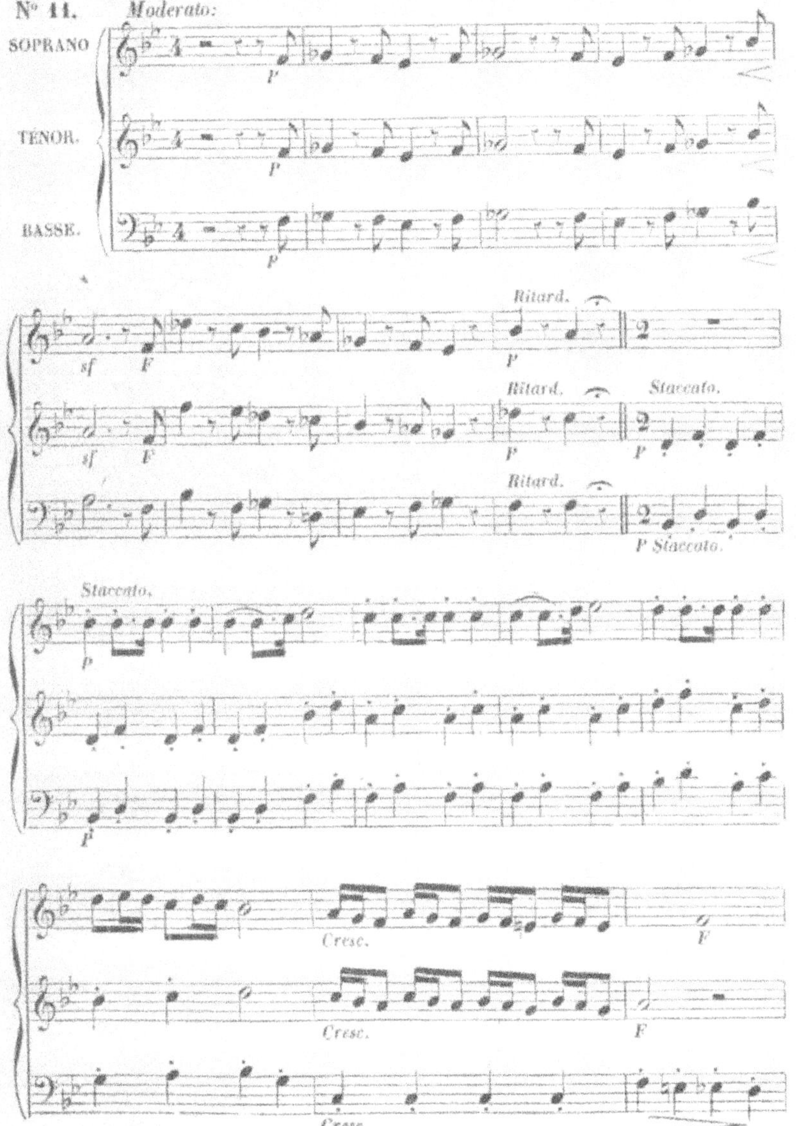

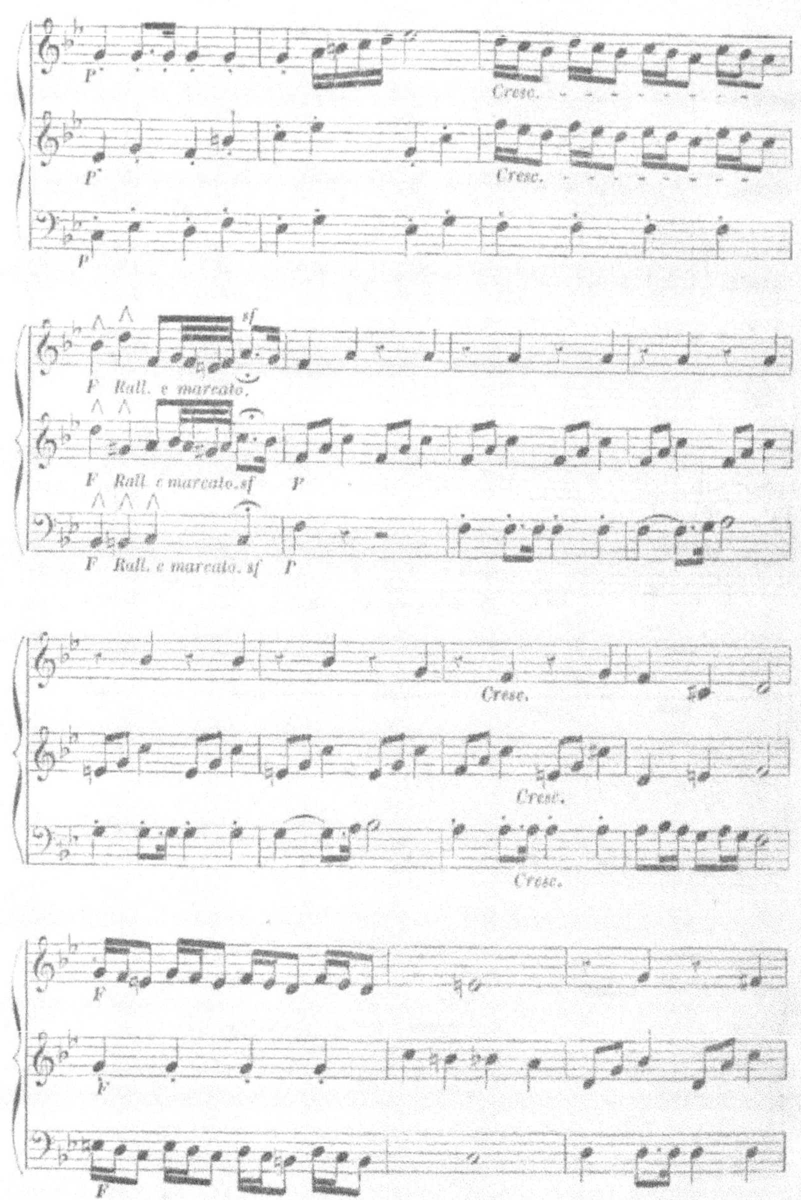
Cresc.
Cresc.
F
F Rall. e marcato.
F Rall. e marcato. sf   P
F Rall. e marcato. sf   P
Cresc.
Cresc.
Cresc.
F
F
F

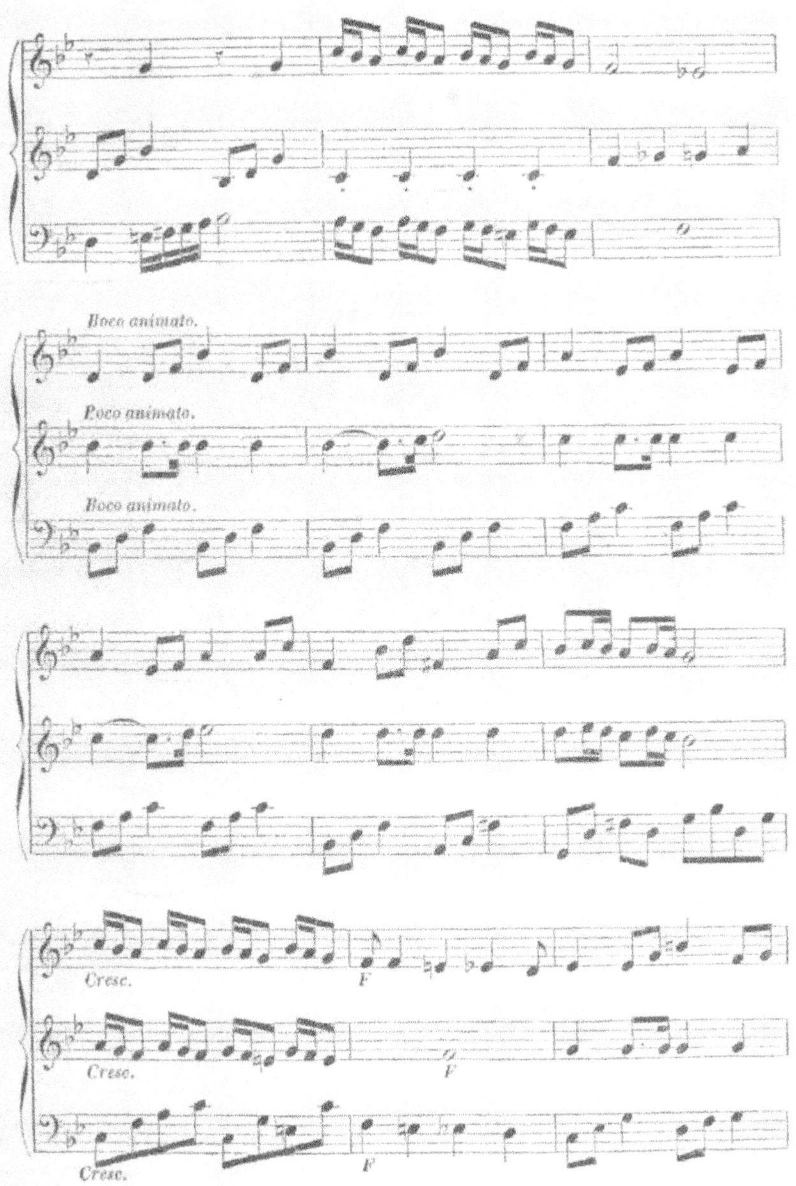
Poco animato.
Poco animato.
Poco animato.
Cresc.
F
Cresc.
F
Cresc.
F

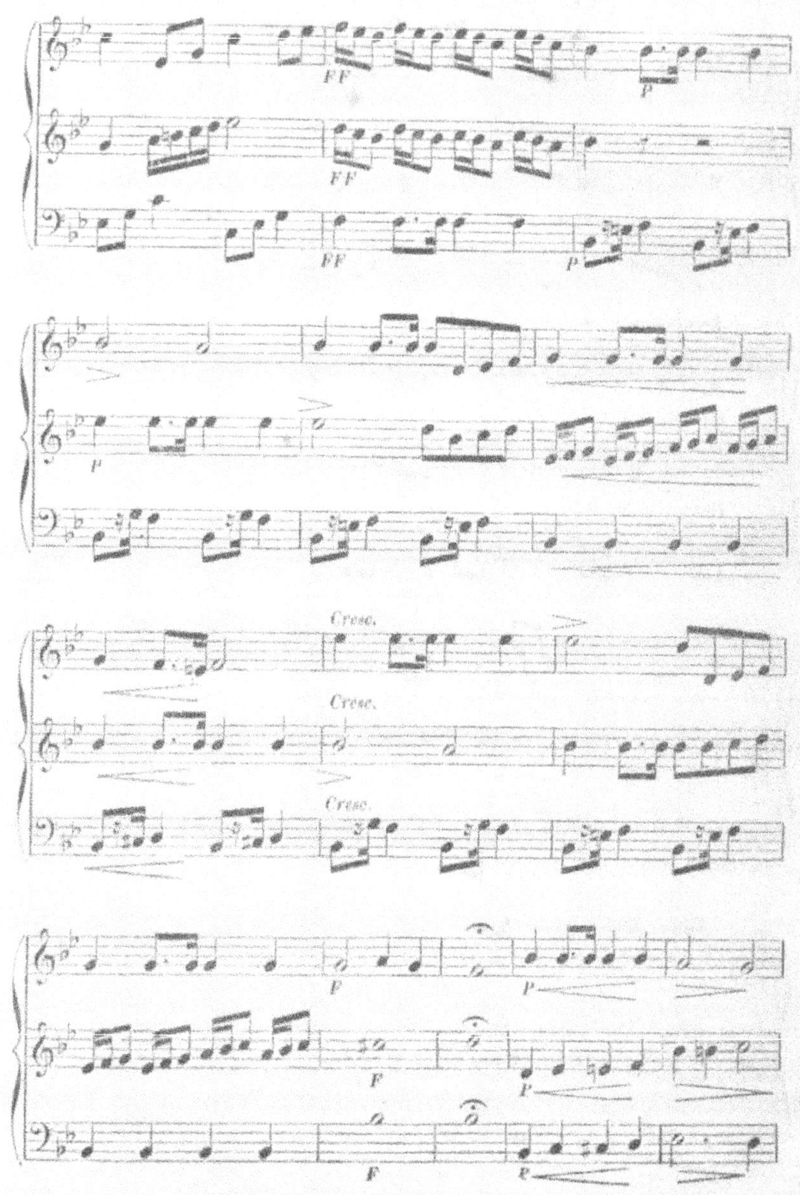
FF
P
FF
FF
P
P
Cresc.
Cresc.
Cresc.
P
P
F
P
F

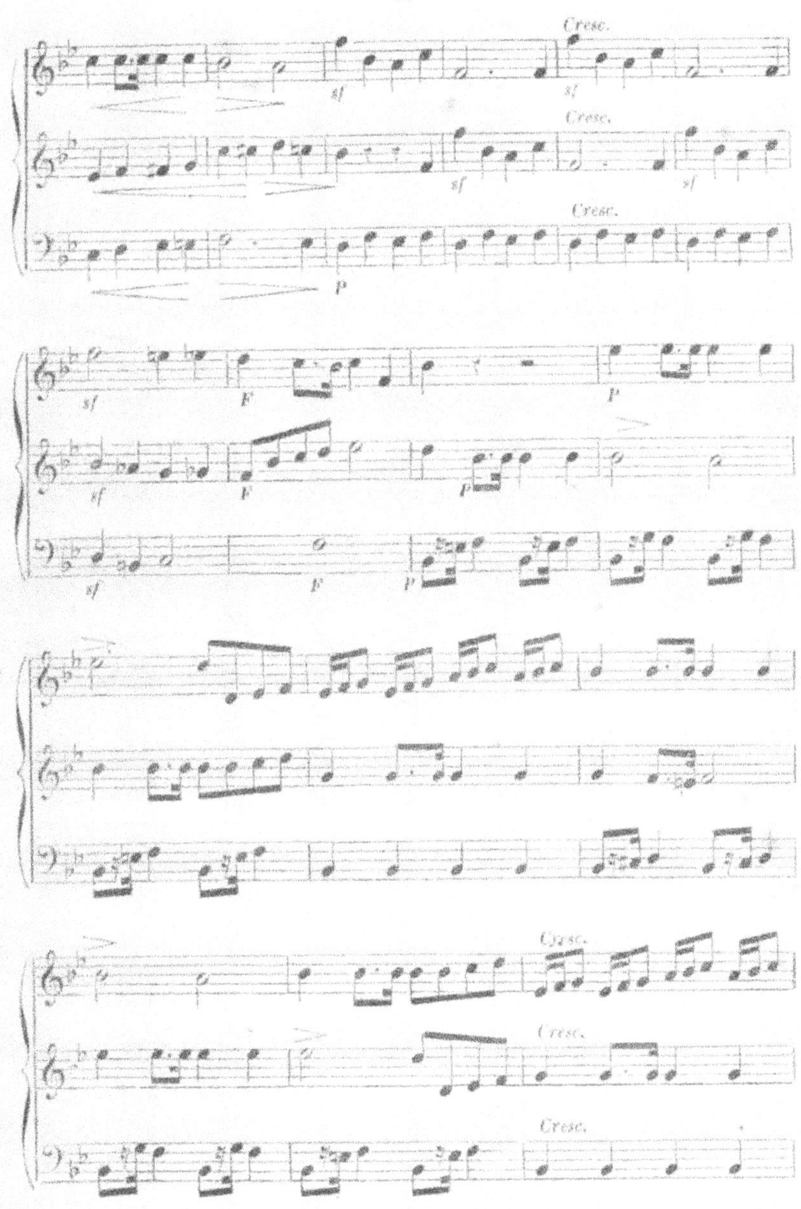
Cresc.
Cresc.
Cresc.
sf
sf
p
sf
F
P
sf
F
P
Cresc.
Cresc.
Cresc.
5

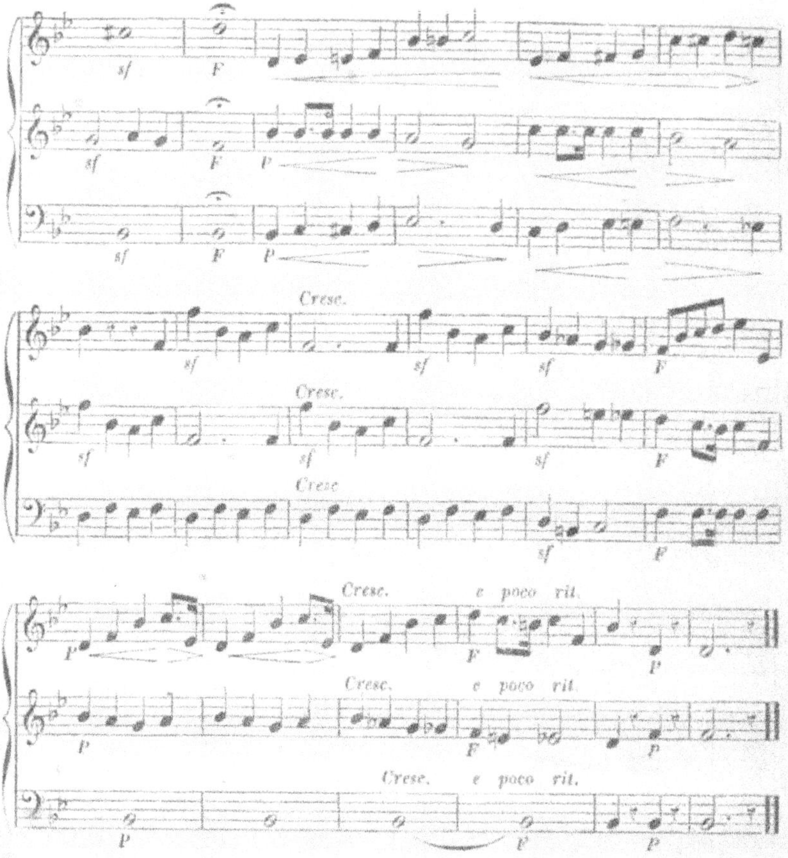

GAMME DE *SOL* MINEUR.

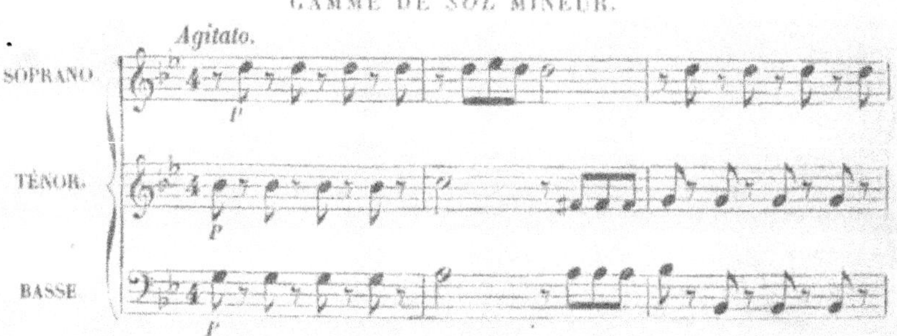

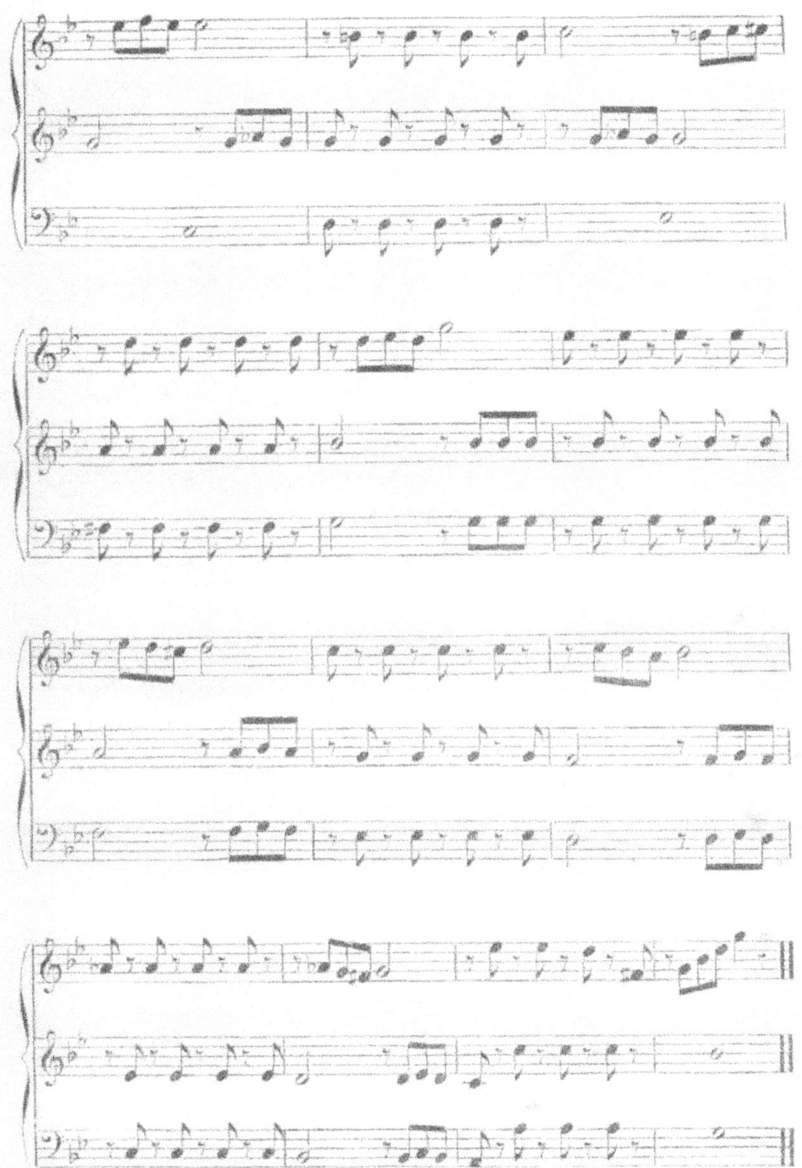

BOLERO.

N° 42.   *Tempo di Bolero.*

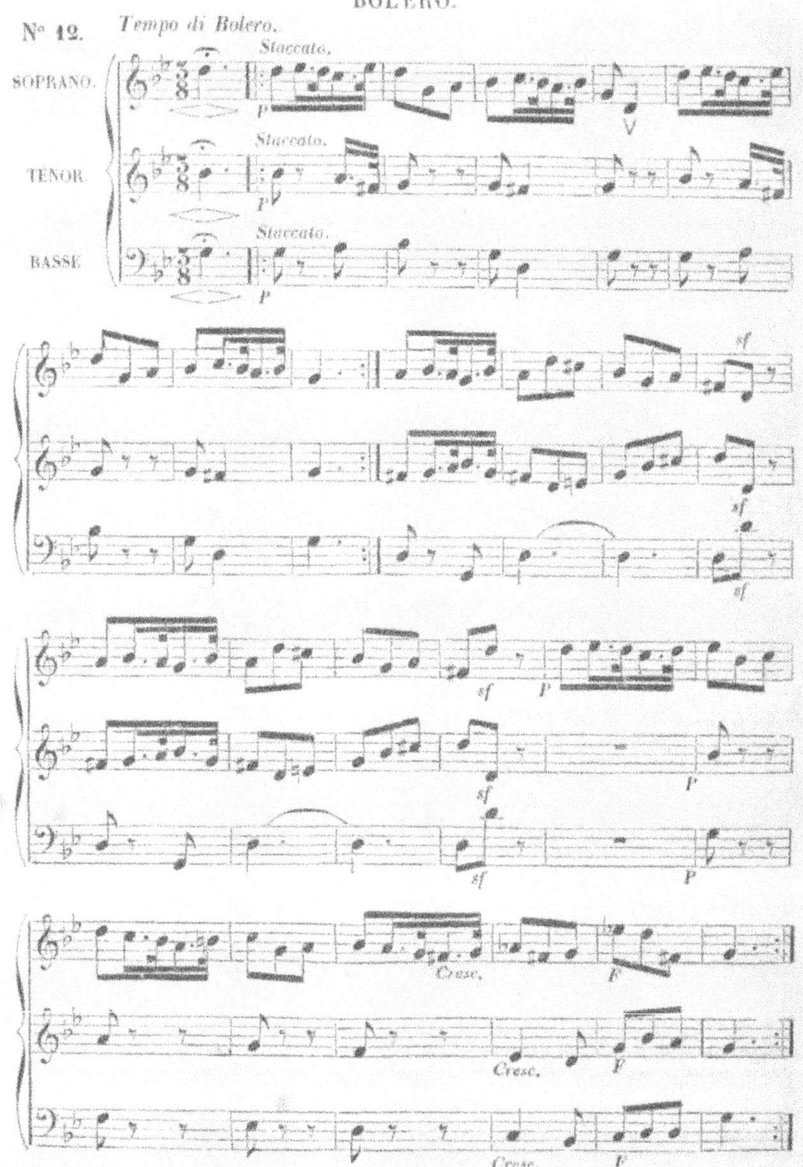

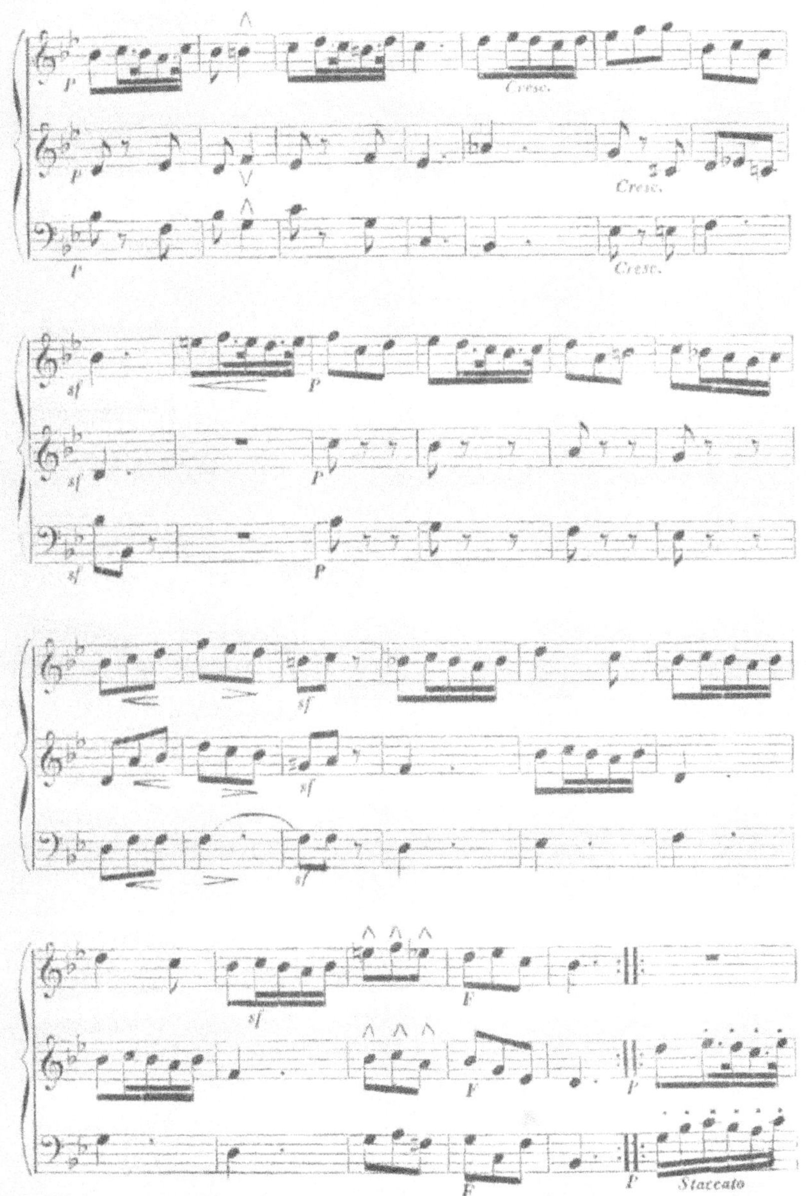
Cresc.
Cresc.
Cresc.
sf
P
sf
P
sf
P
sf
sf
sf
F
F
F
P
P
Staccato

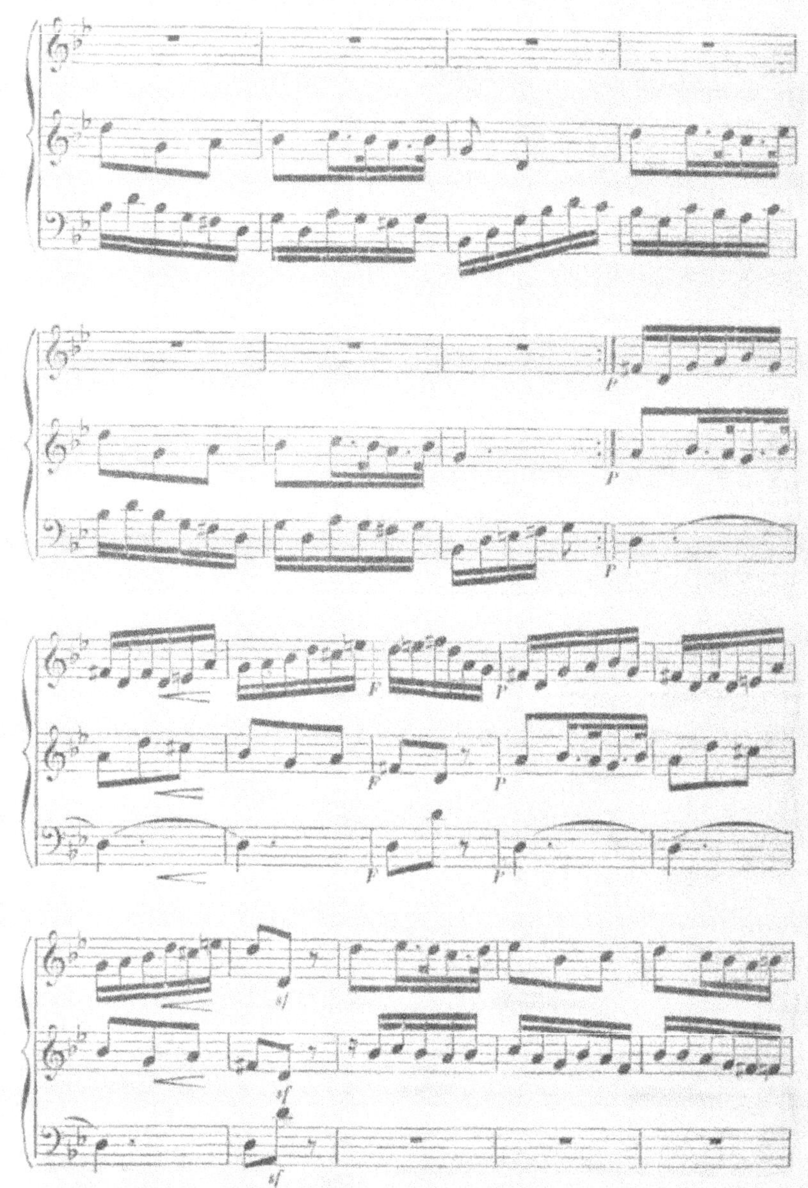

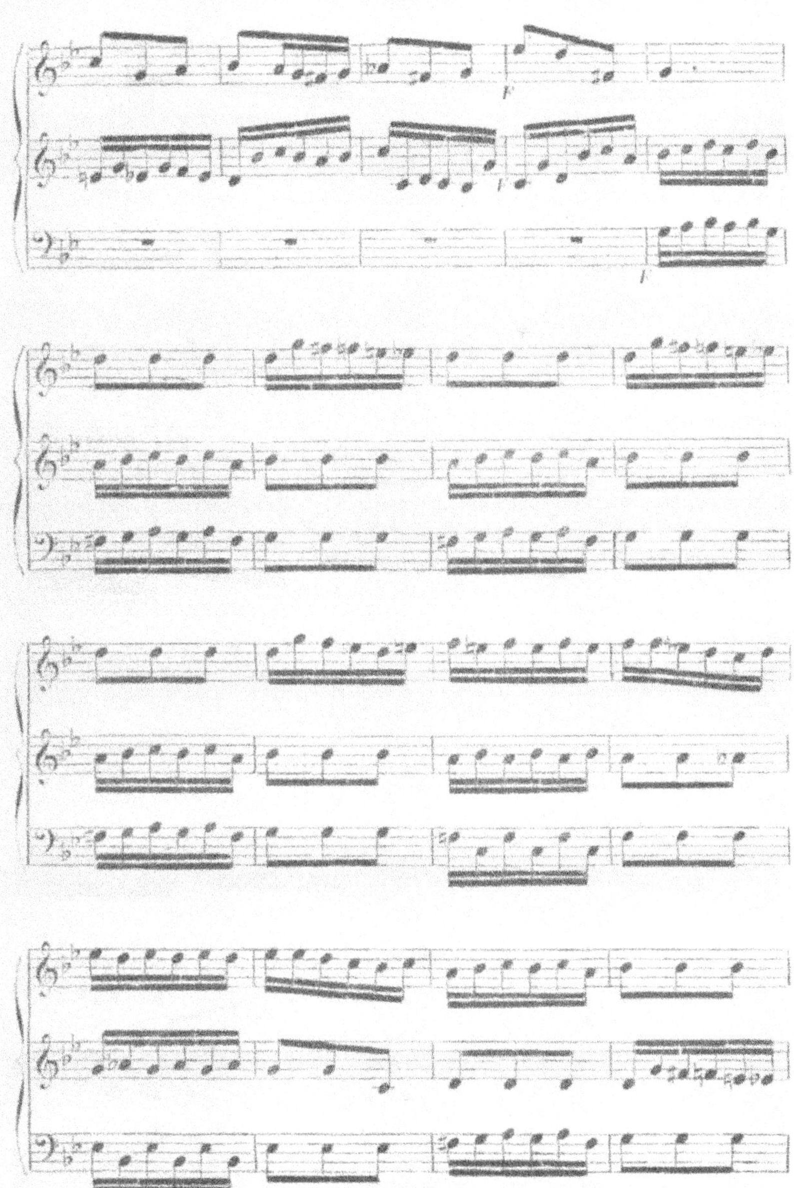

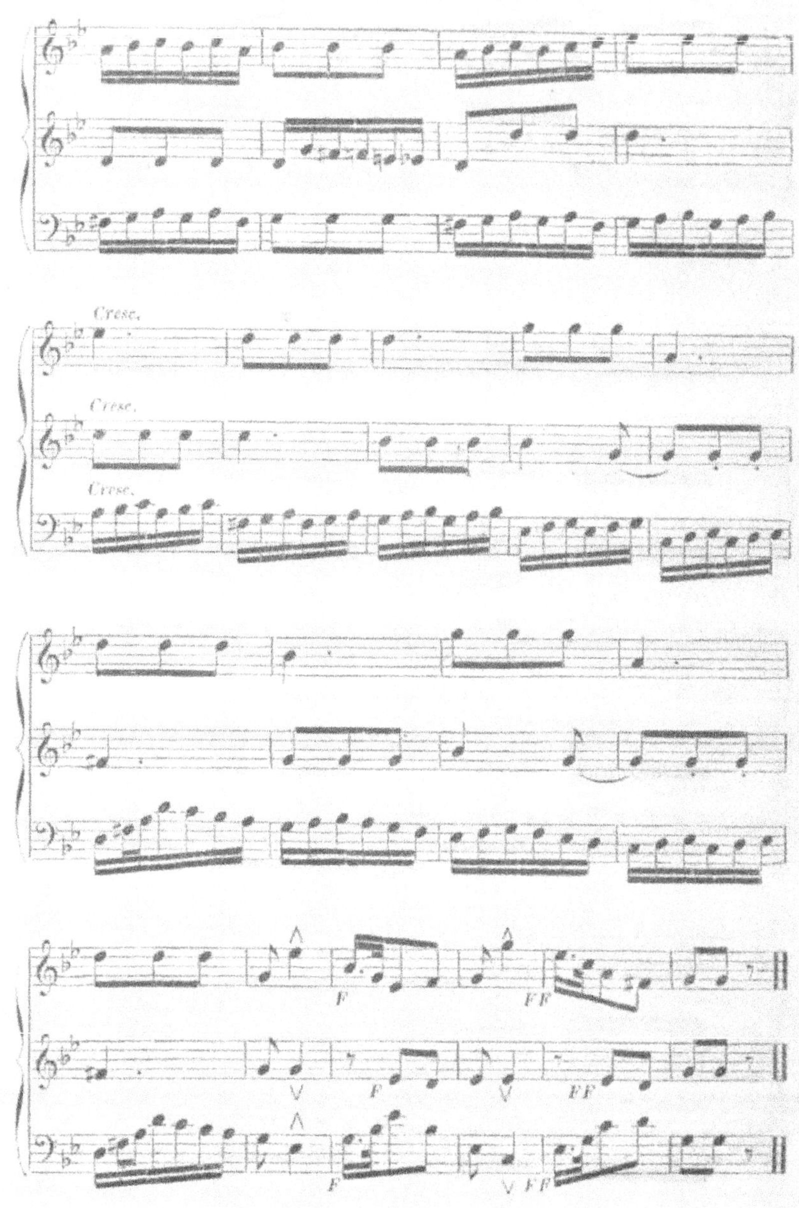
Cresc.
Cresc.
Cresc.
F
FF
V
F
V
FF
F
V
FF

GAMME DE *RÉ MAJEUR.*

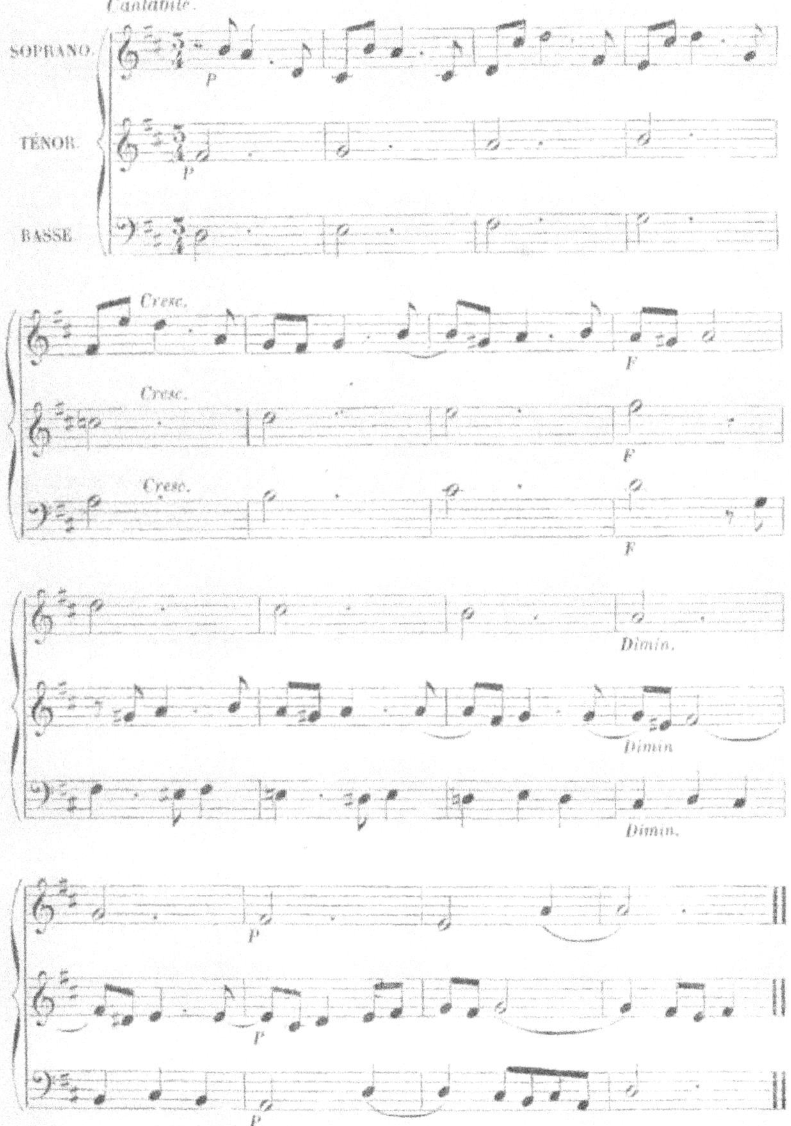

CAVATINE.

N° 13.
Allegro.
SOPRANO.
TENOR.
BASSE.
F
F
F
Poco ritardando.
Poco rit.
Poco rit.
Più lento e dolce.
Più lento e dolce.
Più lento e dolce.
sf
sf
sf

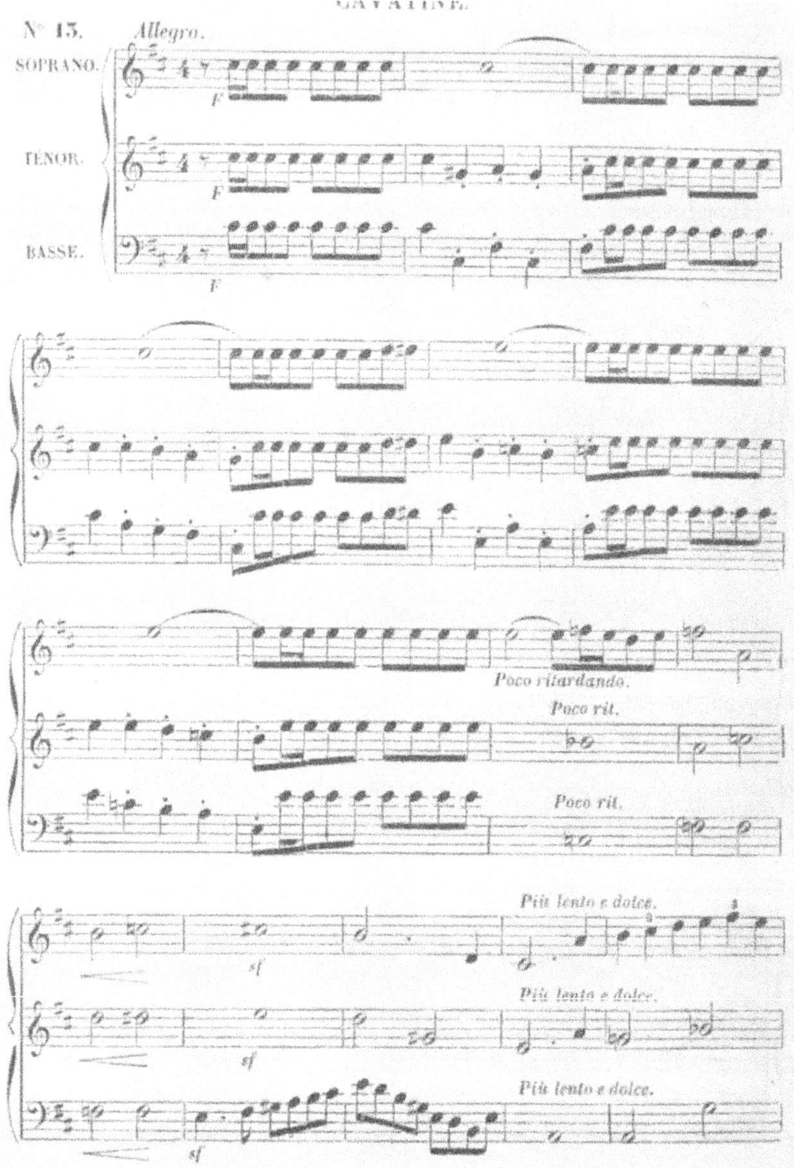

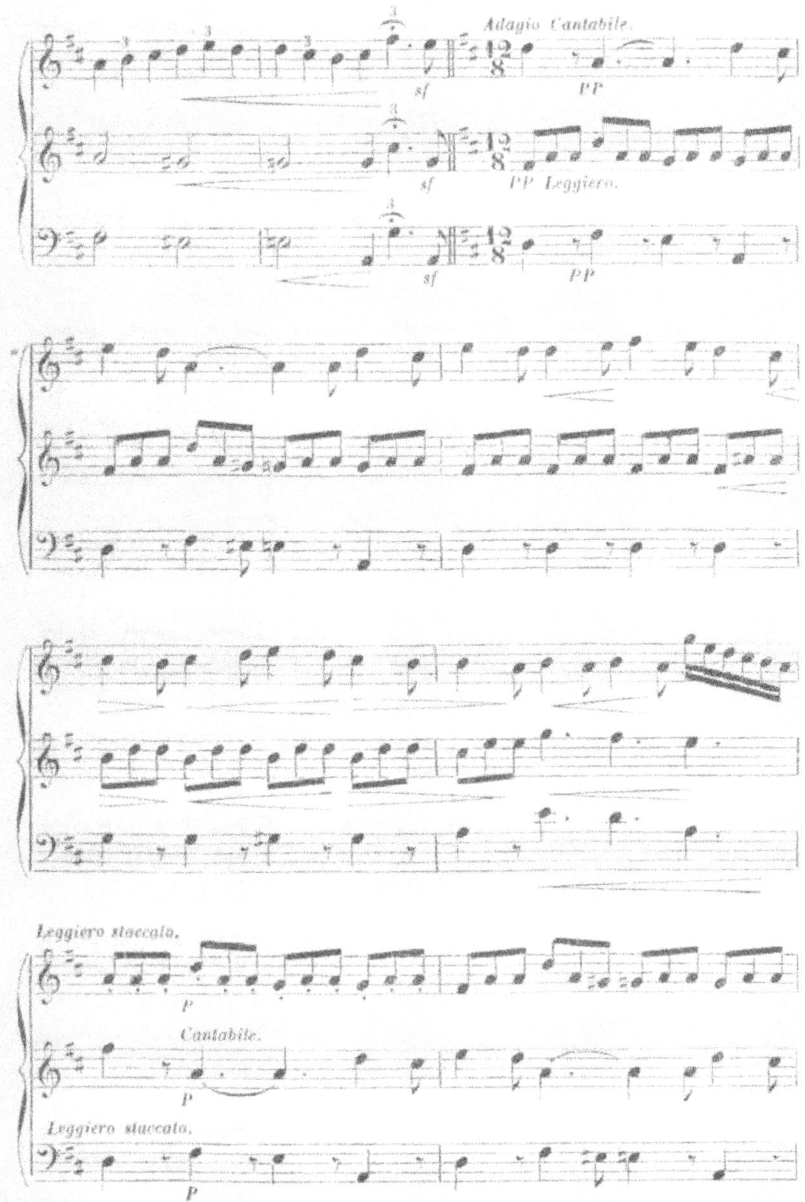
Adagio Cantabile.
sf
PP
sf
PP Leggiero.
sf
PP
Leggiero staccato.
P
Cantabile.
P
Leggiero staccato.
P

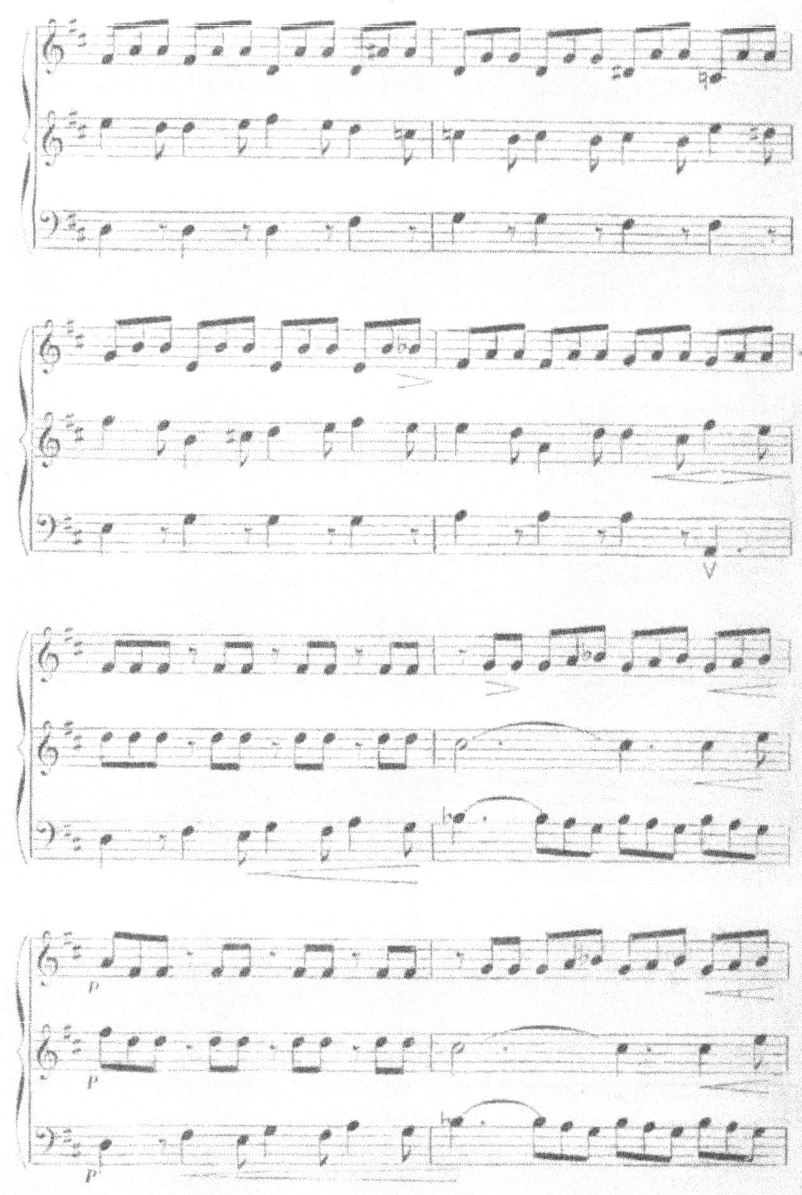

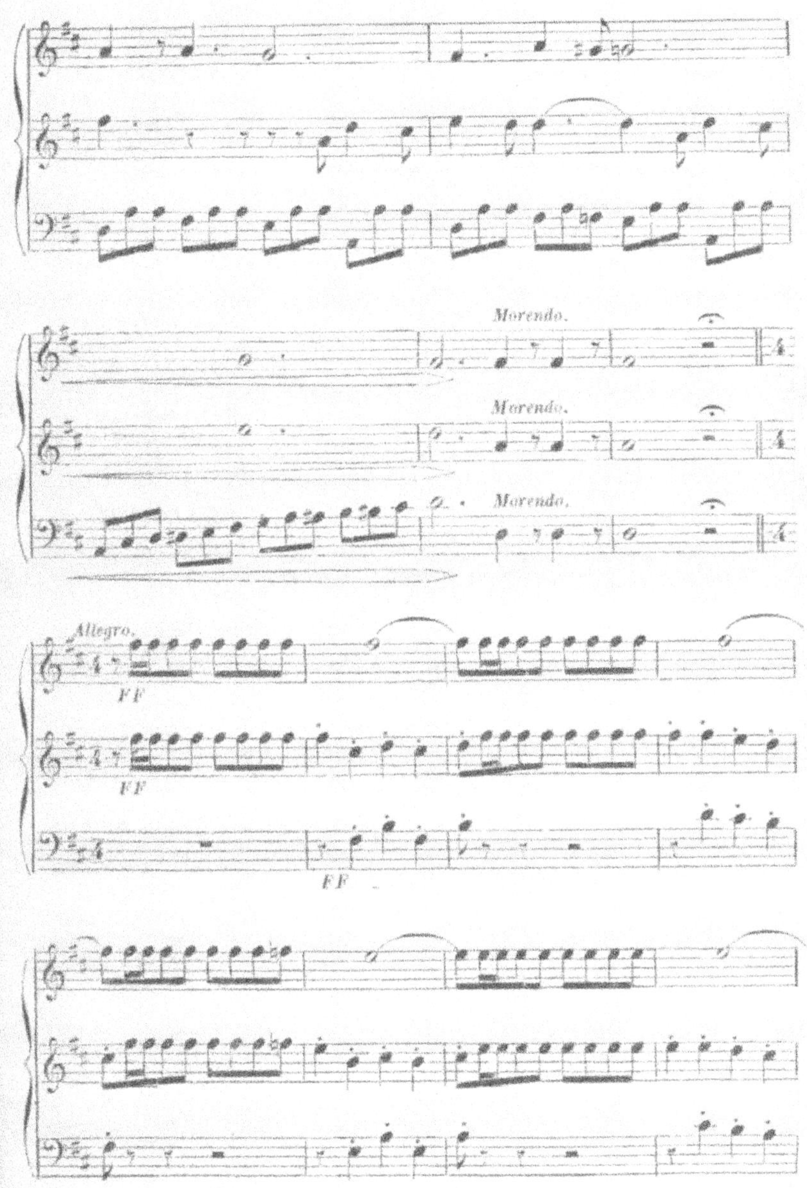
Morendo.
Morendo.
Morendo.
Allegro.
FF
FF
FF

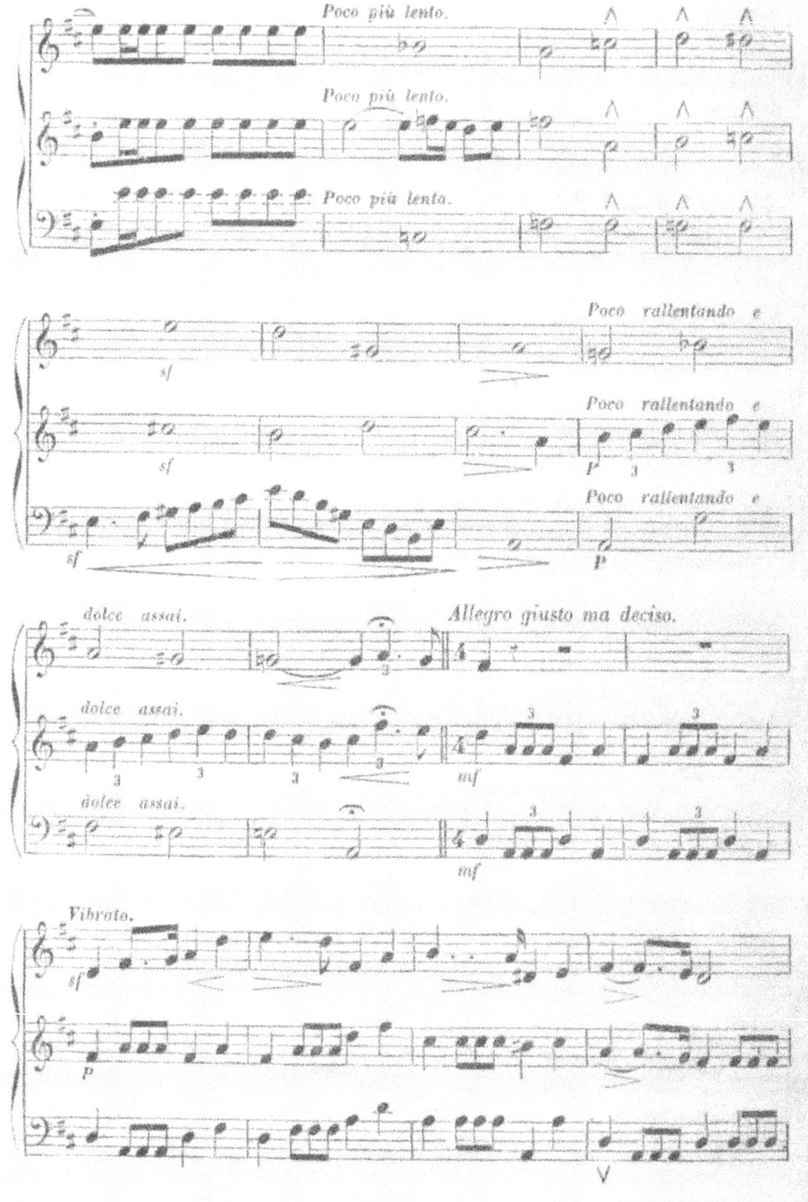
Poco più lento.
Poco più lento.
Poco più lento.
Poco rallentando e
Poco rallentando e
Poco rallentando e
sf
sf
sf
dolce assai.
dolce assai.
dolce assai.
Allegro giusto ma deciso.
mf
mf
Vibrato.
sf
p

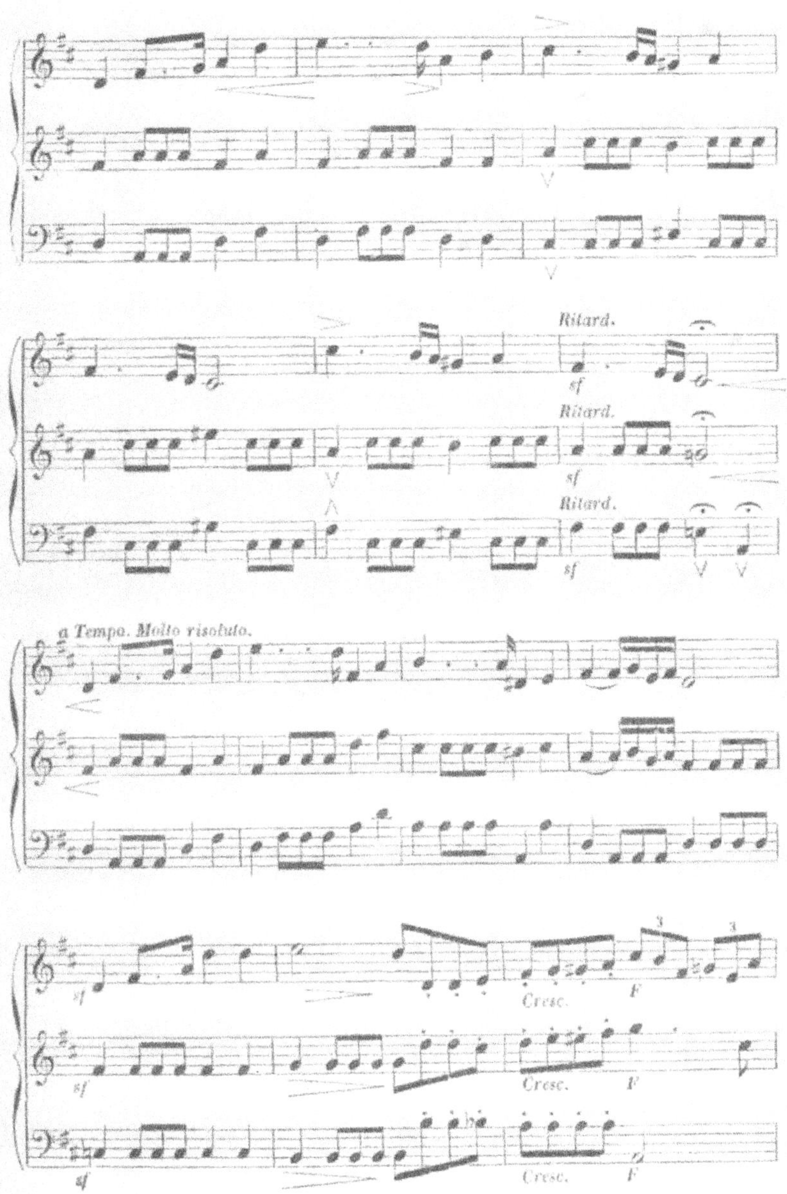

Ritard.
sf
Ritard.
sf
Ritard.
sf
a Tempo. Molto risoluto.
sf
Cresc.
F
sf
Cresc.
F
sf
Cresc.
F

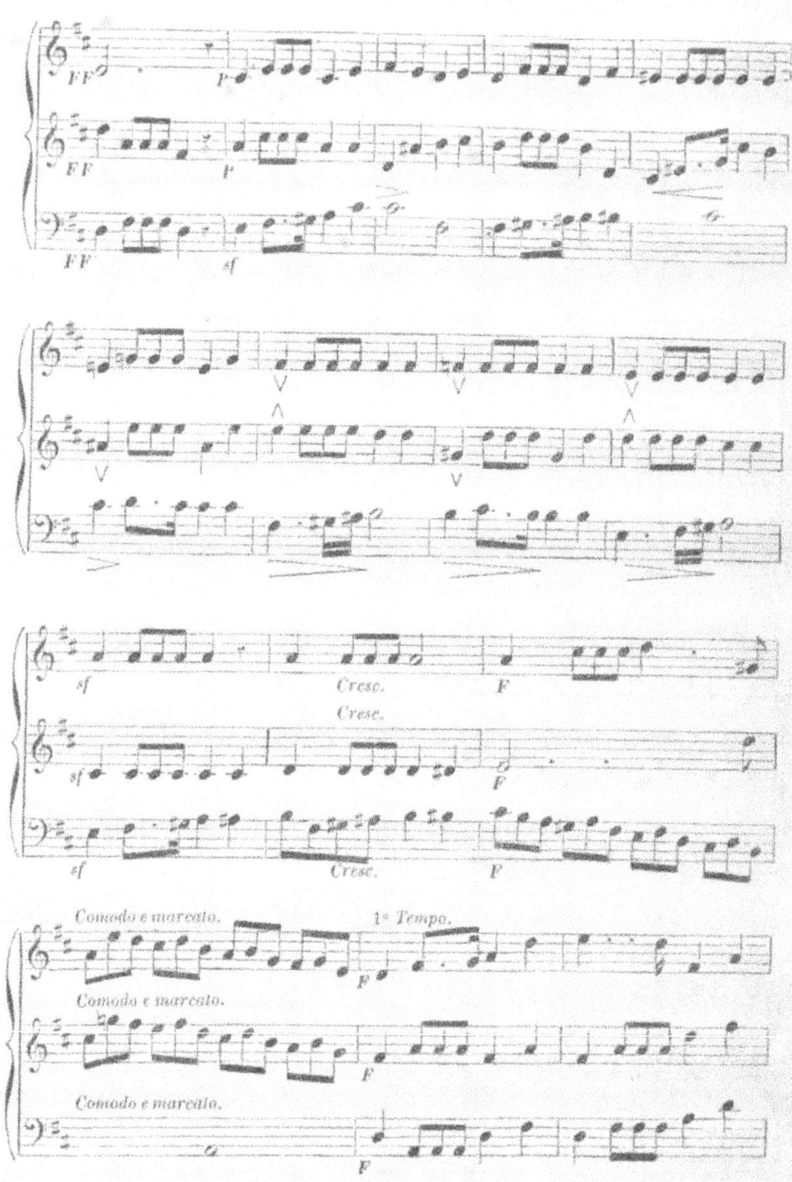
FF
FF
FF
p
sf
Cresc.
Cresc.
F
F
sf
Cresc.
F
sf
Comodo e marcato.
Comodo e marcato.
Comodo e marcato.
1º Tempo.
F
F
F

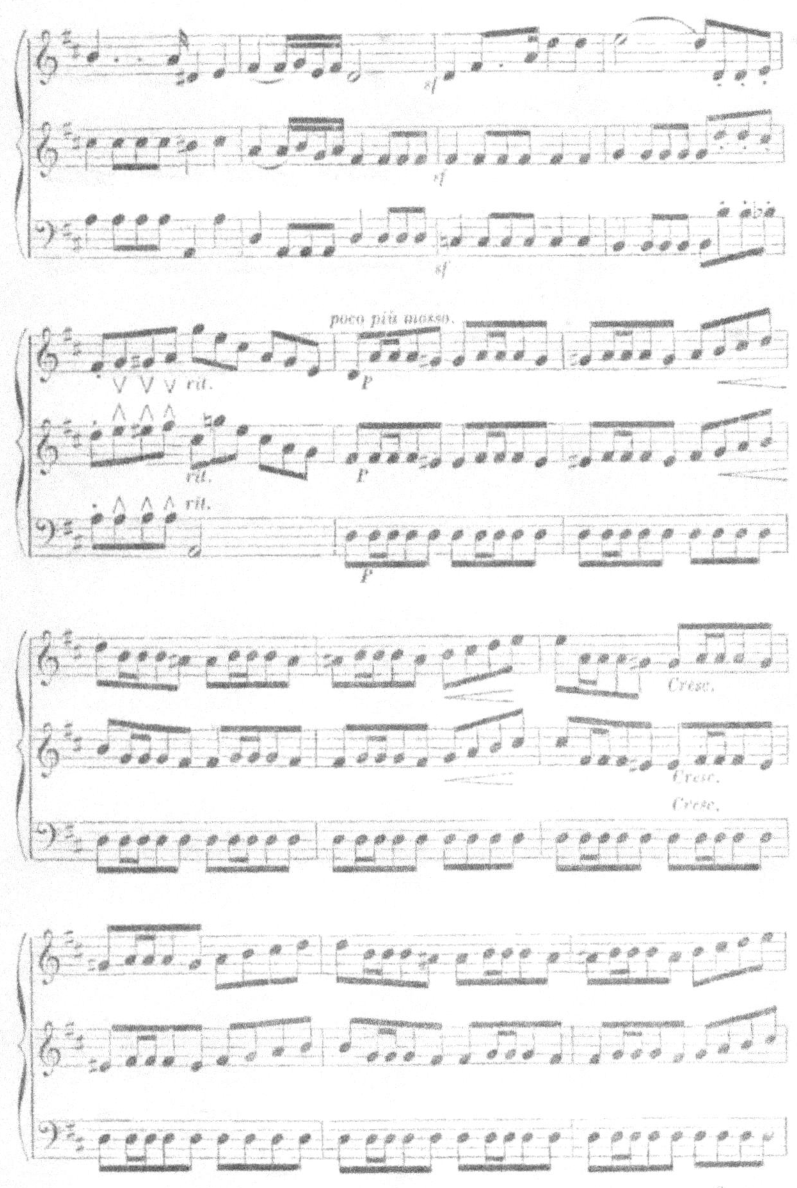
poco più mosso.
rit.
rit.
rit.
Cresc.
Cresc.
Cresc.

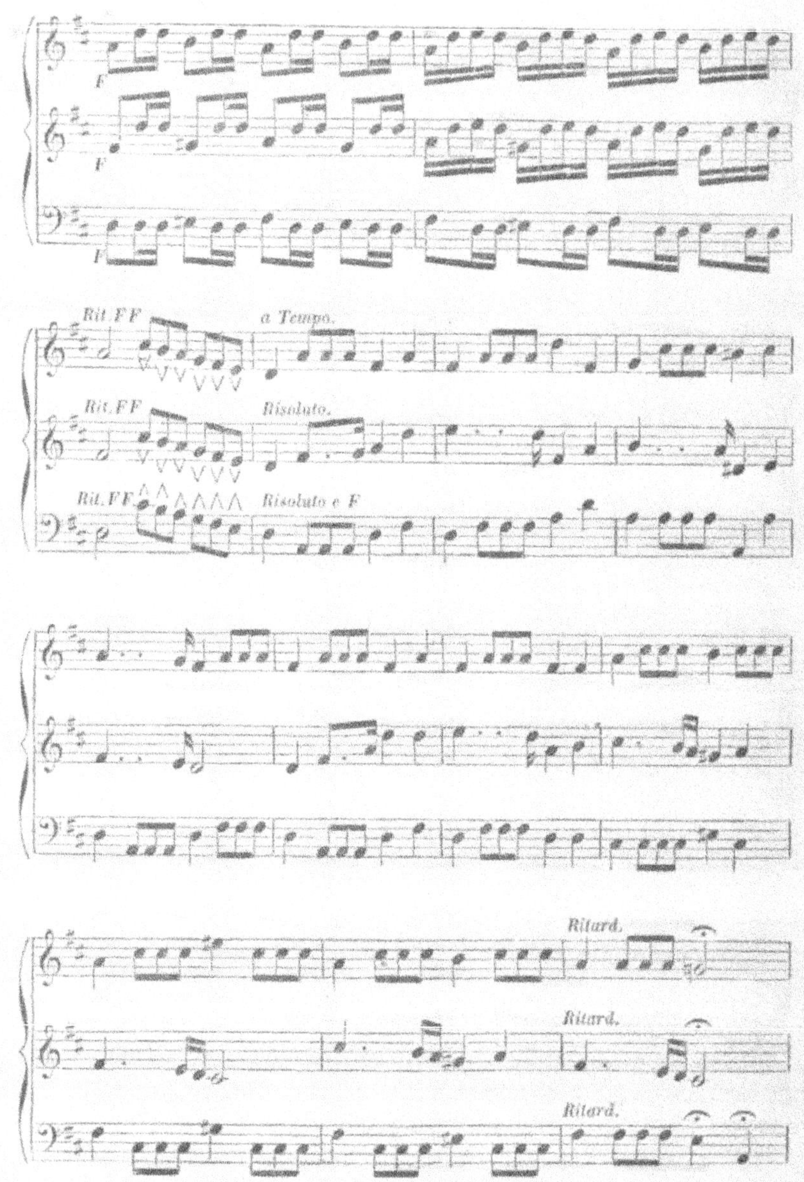
F
F
F
Rit. FF
a Tempo.
Rit. FF
Risoluto.
Rit. FF
Risoluto e F
Ritard.
Ritard.
Ritard.

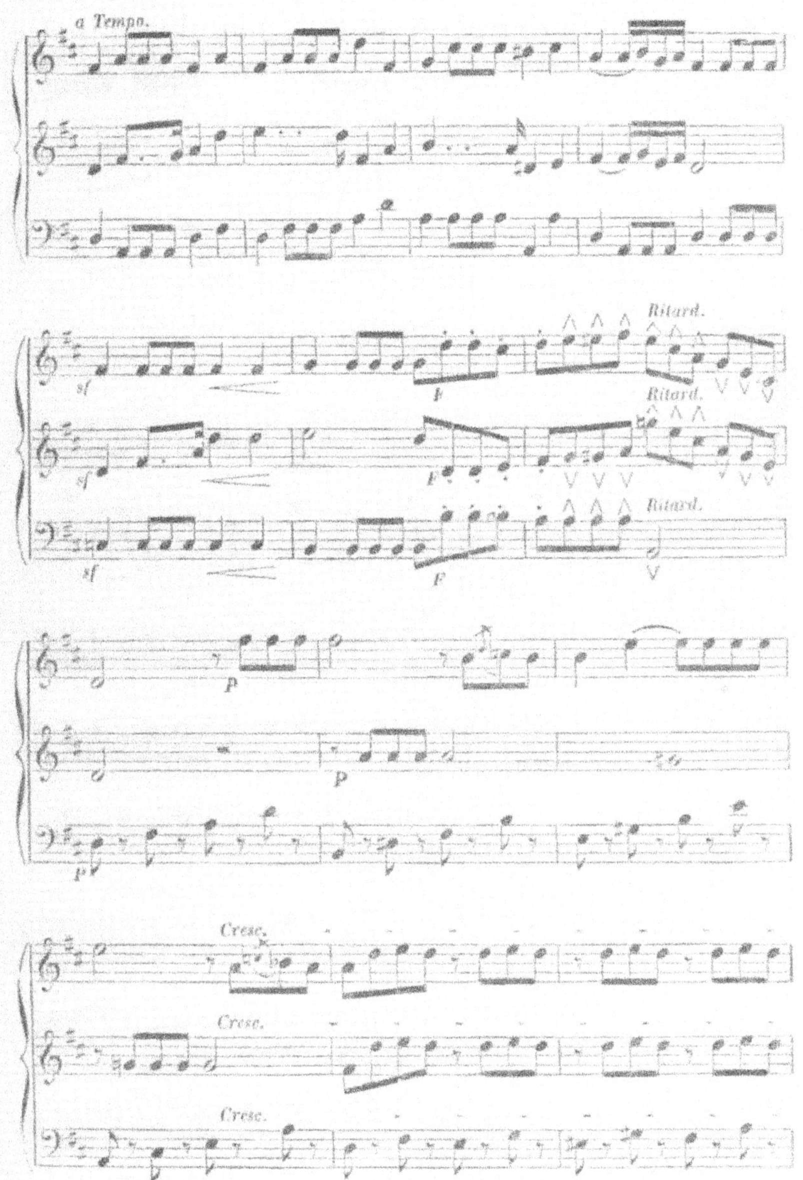

a Tempo.
Ritard.
Ritard.
Ritard.
sf
f
P
Cresc.
Cresc.
Cresc.

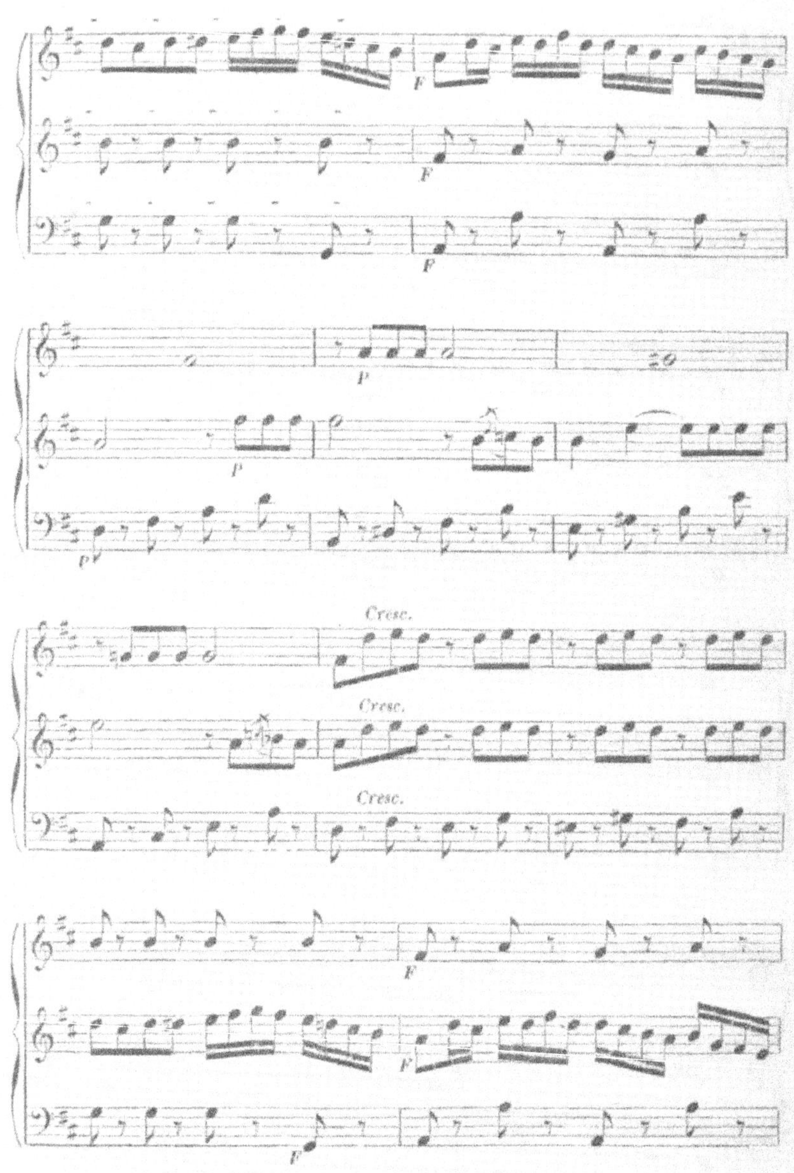
F
F
F
P
Cresc.
Cresc.
Cresc.
F
F
F

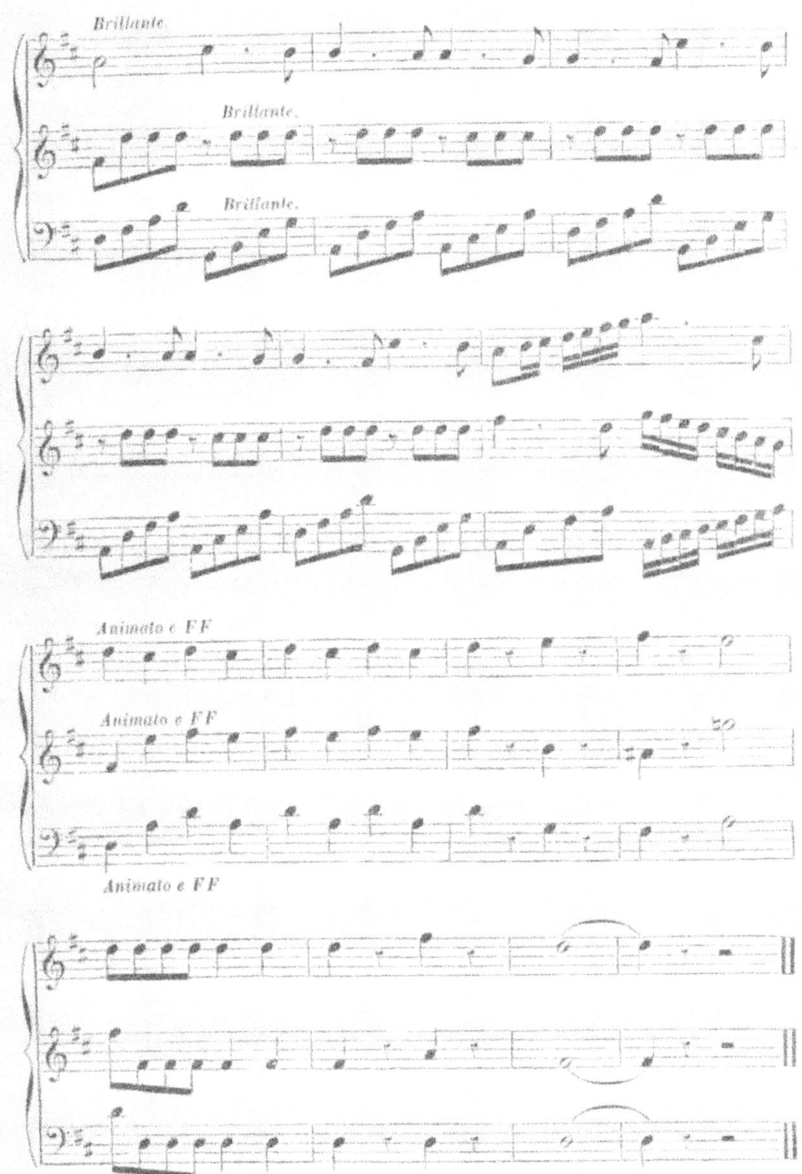
Brillante.
Brillante.
Brillante.
Animato e FF
Animato e FF
Animato e FF

GAMME DE SI MINEUR.

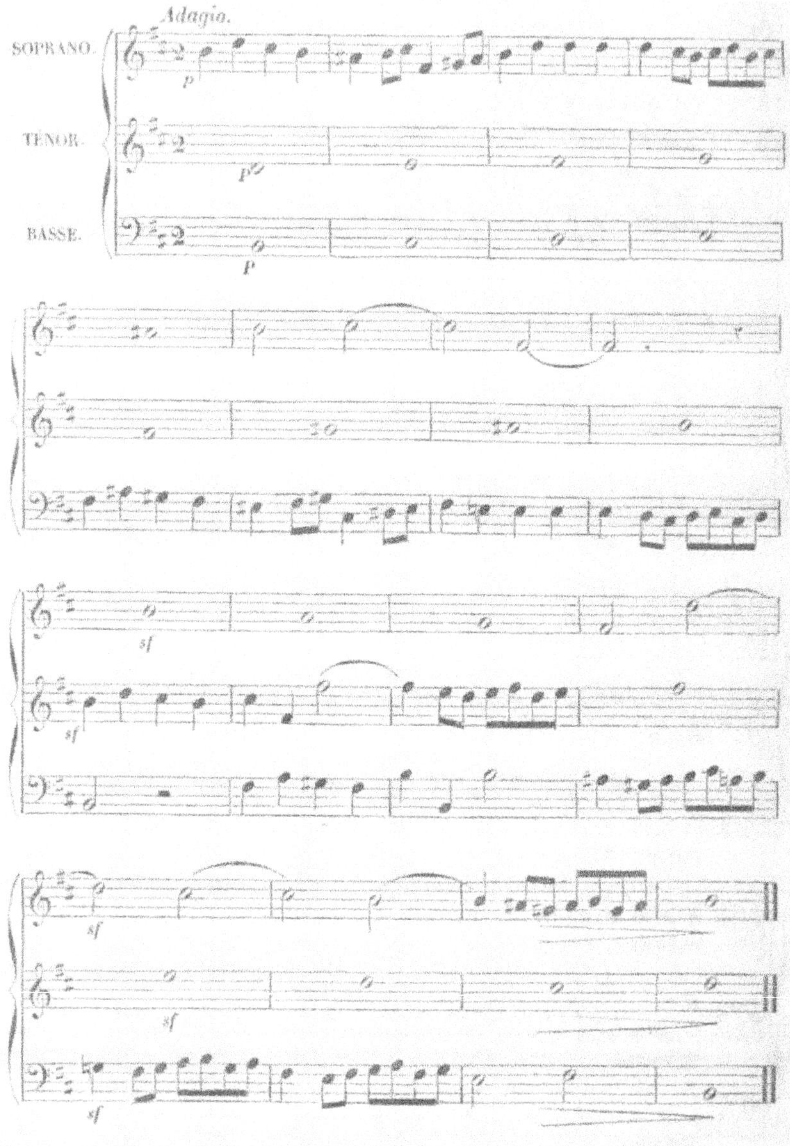

MARCHE HONGROISE.

N° 14. *Tempo di marcia. Con moto.*

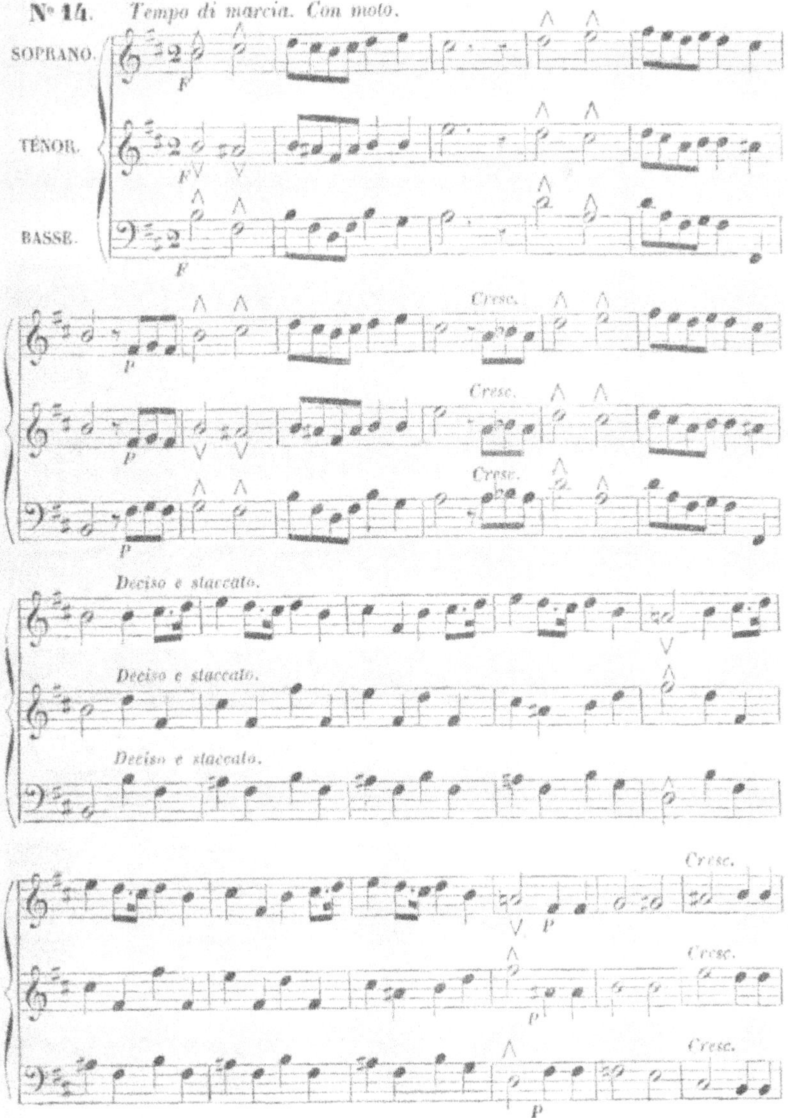

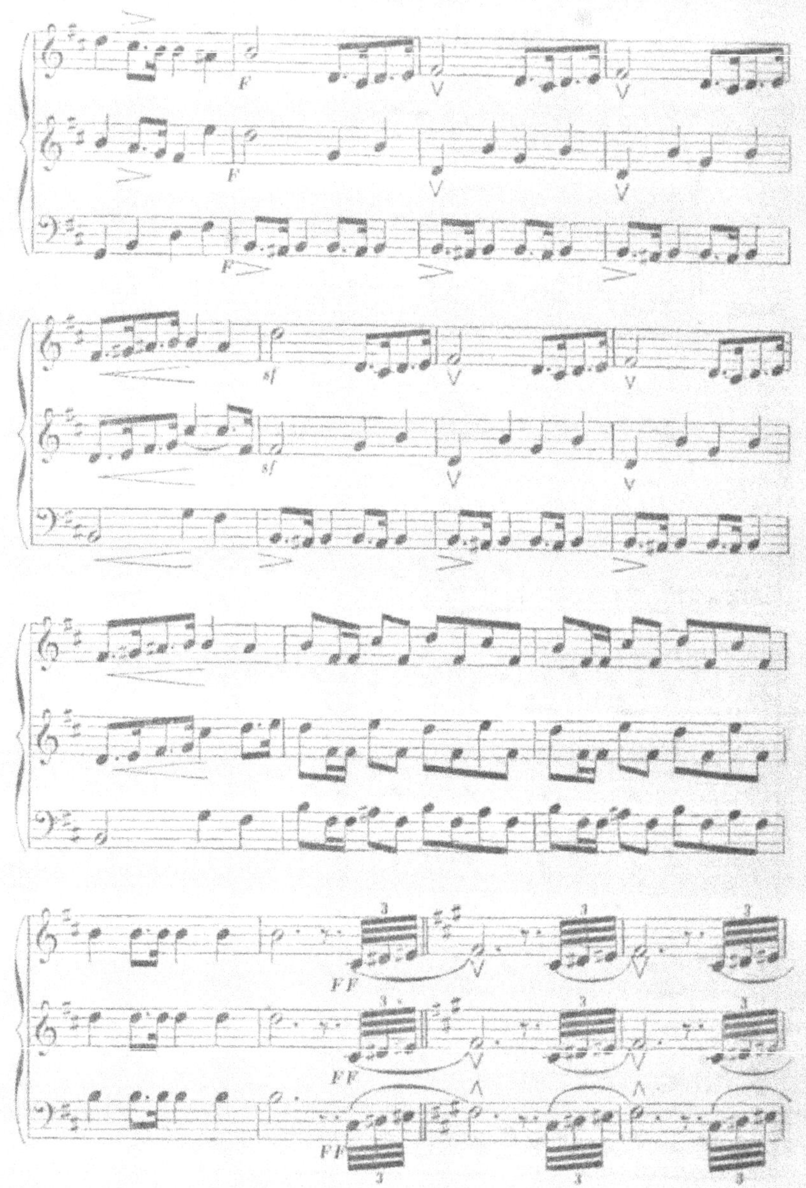

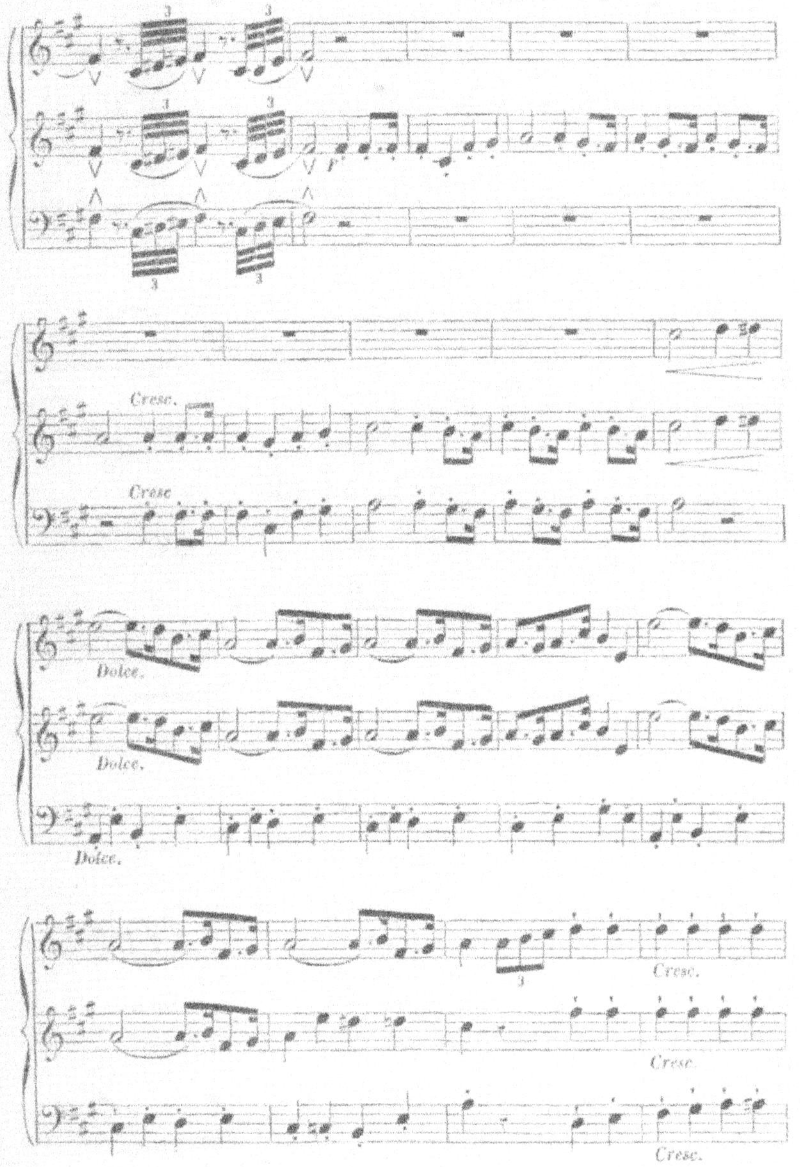
Cresc.
Cresc.
Dolce.
Dolce.
Dolce.
Cresc.
Cresc.
Cresc.

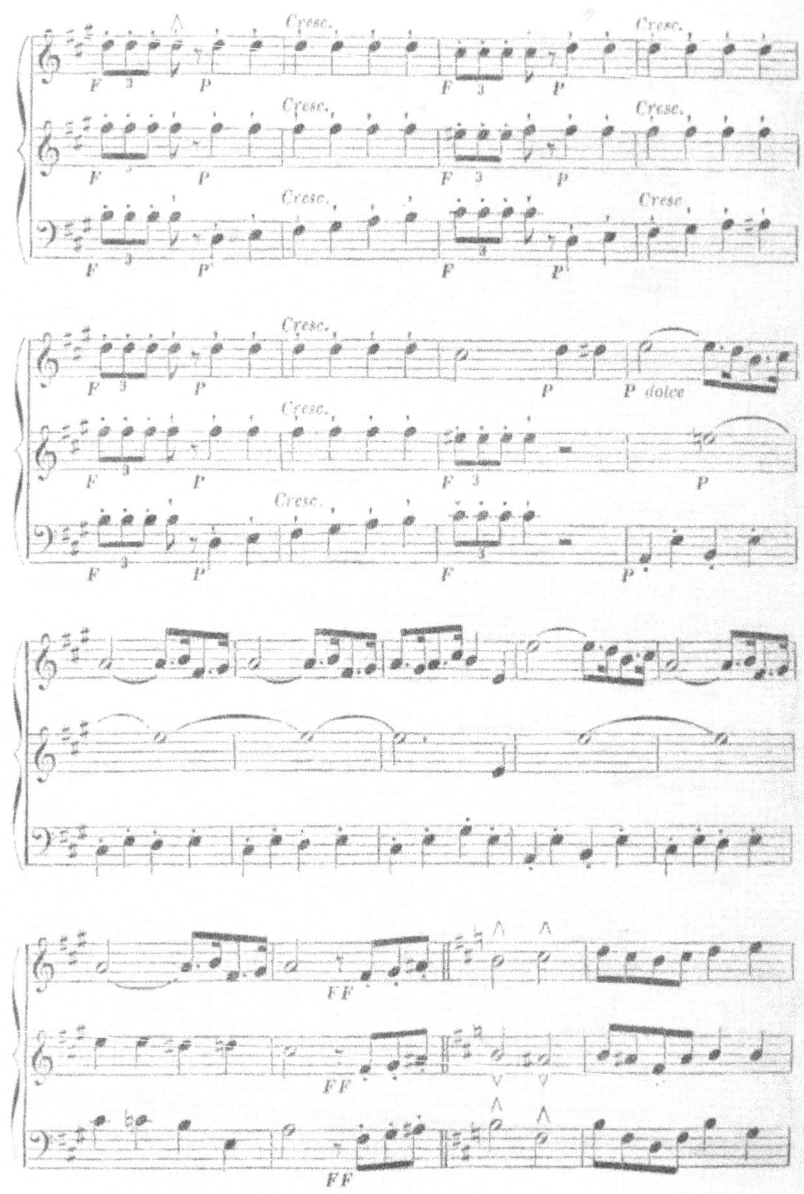

Cresc.
Cresc.
F 3
P
F 3
P
Cresc.
Cresc.
F
P
F 3
P
Cresc.
Crese.
F 3
P
F 3
P
Cresc.
F 3
P
P
P dolce
Crese.
F 3
P
F 3
P
Cresc.
F 3
P
F
P
FF
FF
FF

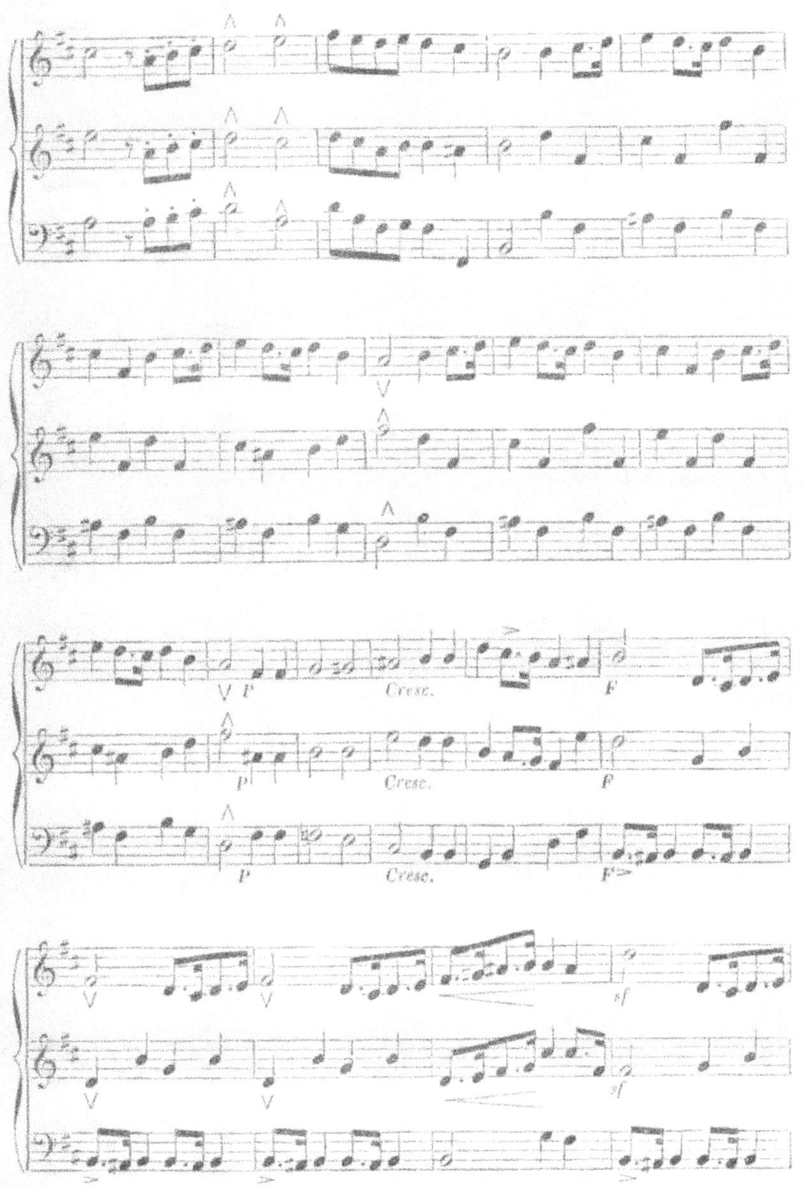
Cresc.
f
Cresc.
f
p
Cresc.
P
sf
sf

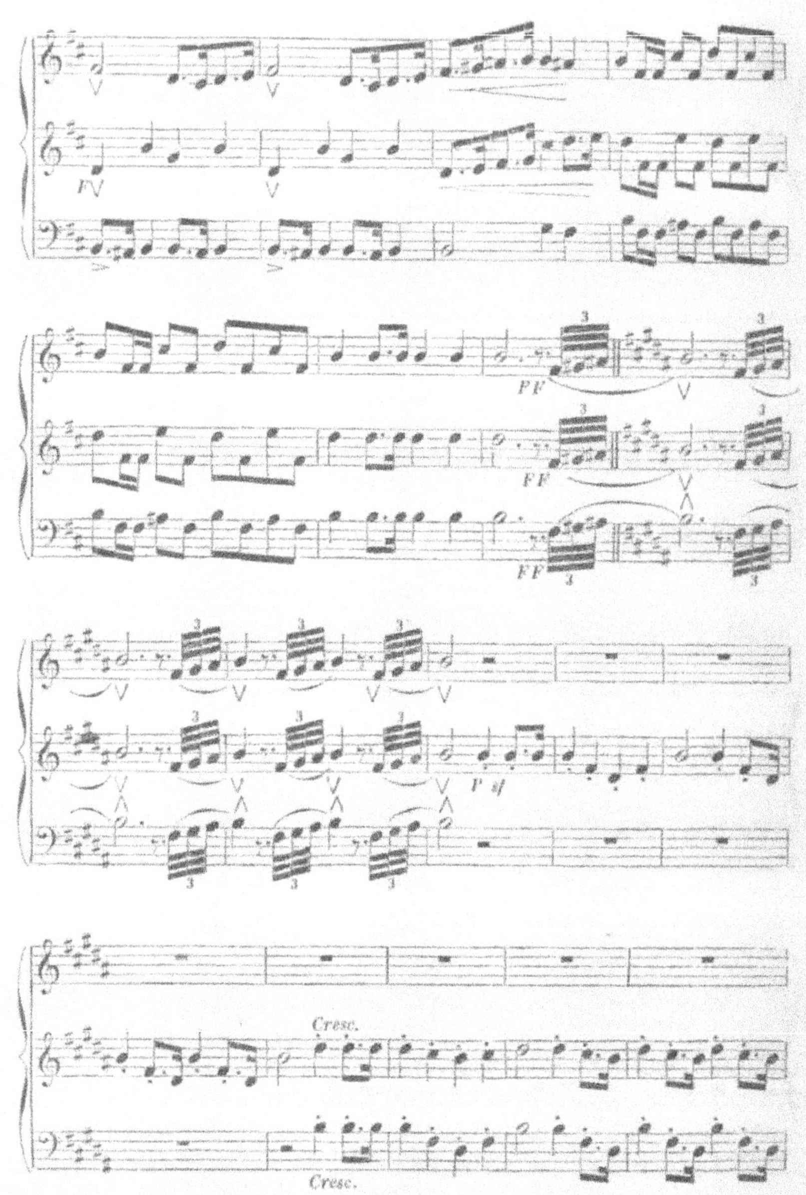
Cresc.
Cresc.

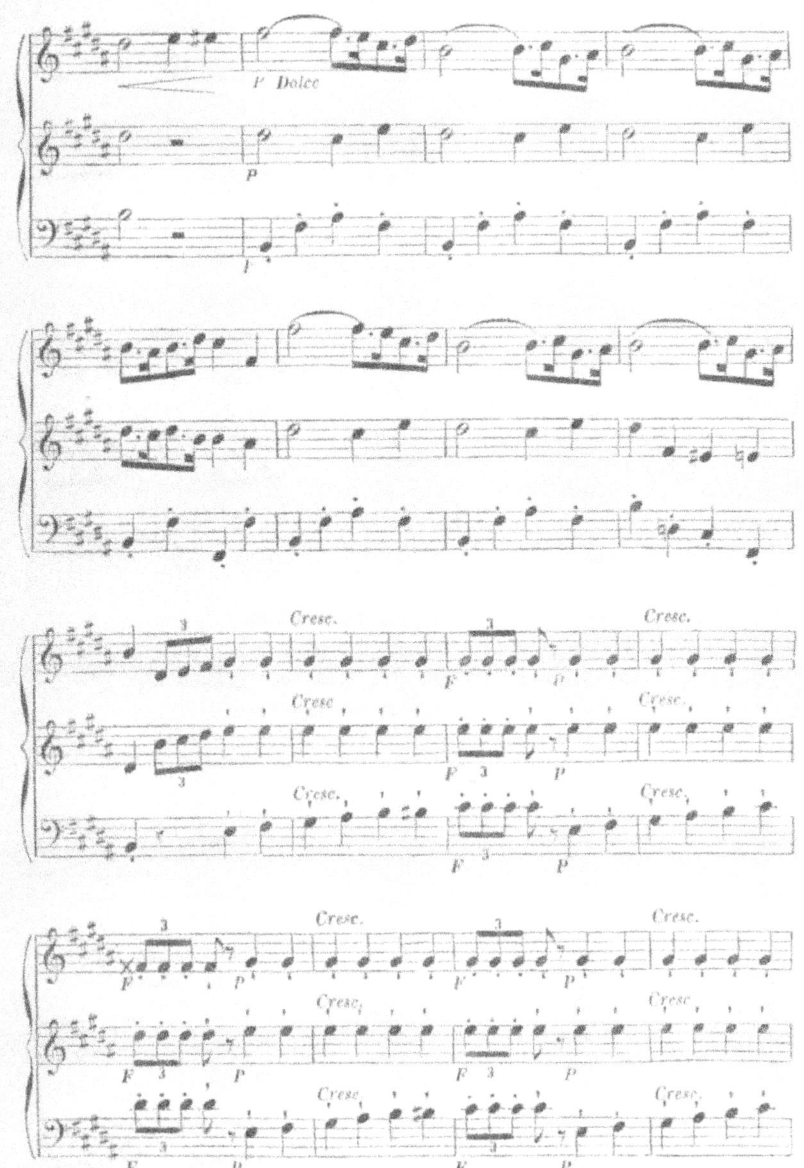
P Dolce
p
F
Cresc.
Cresc.
Cresc.
Cresc.
F
P
Cresc.
F
P
Cresc.
F
P
Cresc.
Cresc.
P
F
P
Cresc.
F
P
Cresc.
F
P
Cresc.
F
P

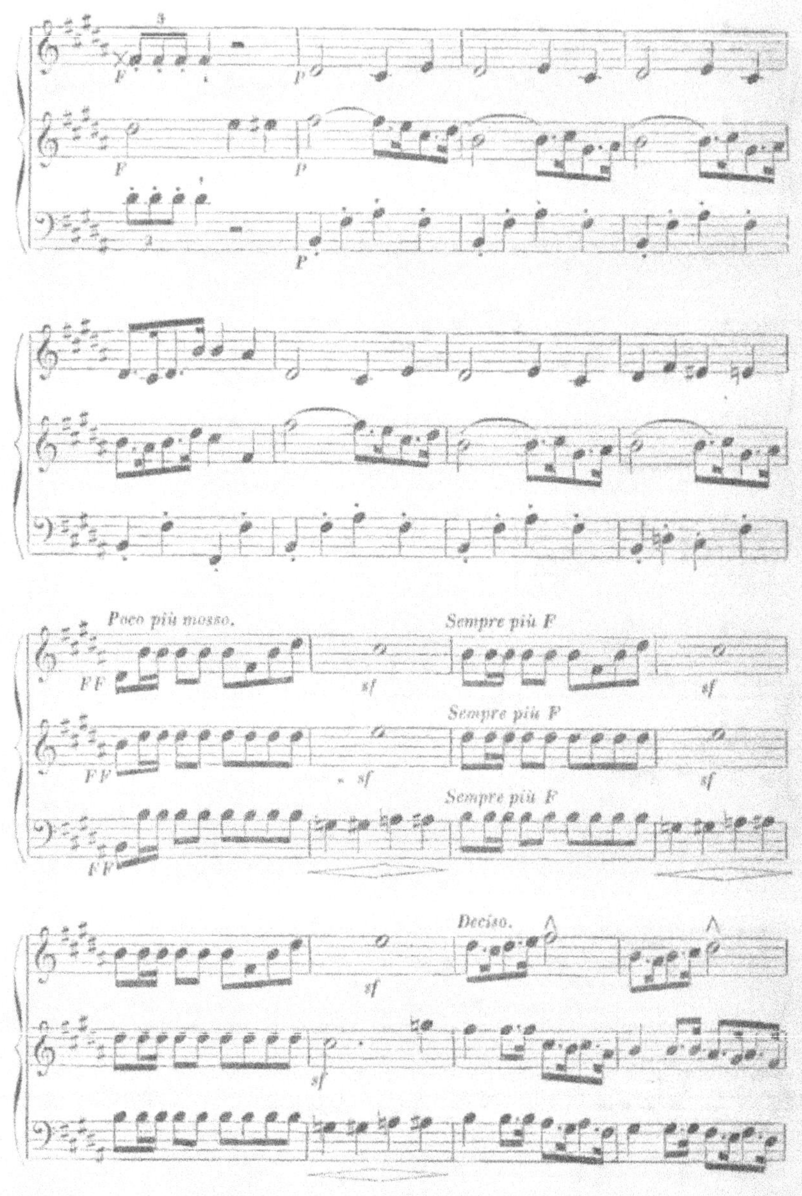
Poco più mosso.
Sempre più F
Sempre più F
Sempre più F
FF
FF
FF
Deciso.
sf
sf
sf
sf
sf
sf
p
p
p
F
3
2

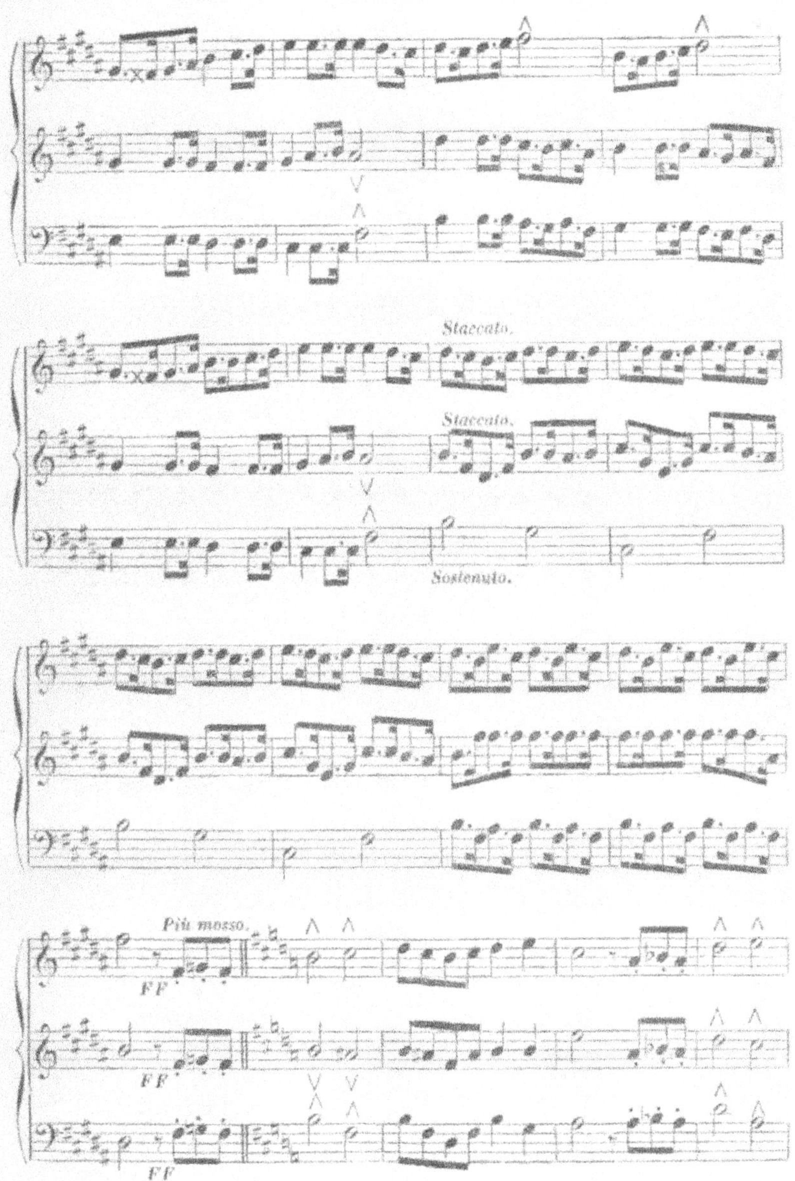
Staccato.
Staccato.
Sostenuto.
Più mosso.
FF
FF
FF

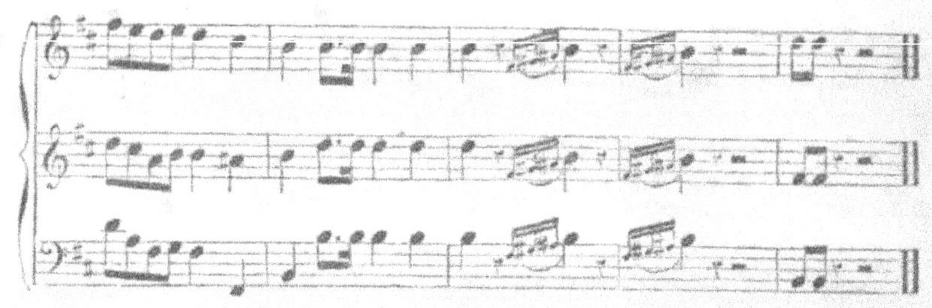

ÉTUDE A CINQ TEMPS.

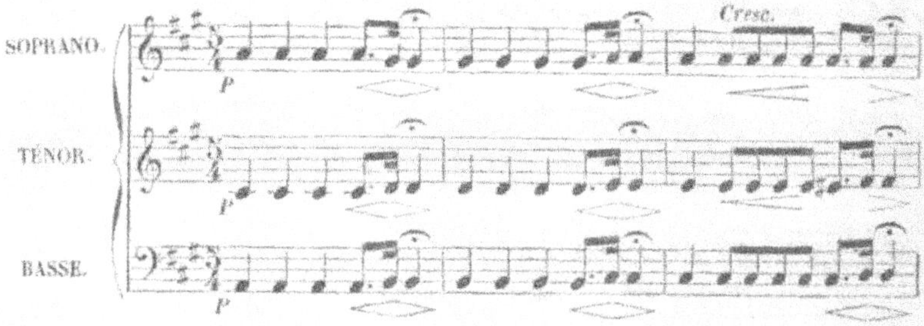

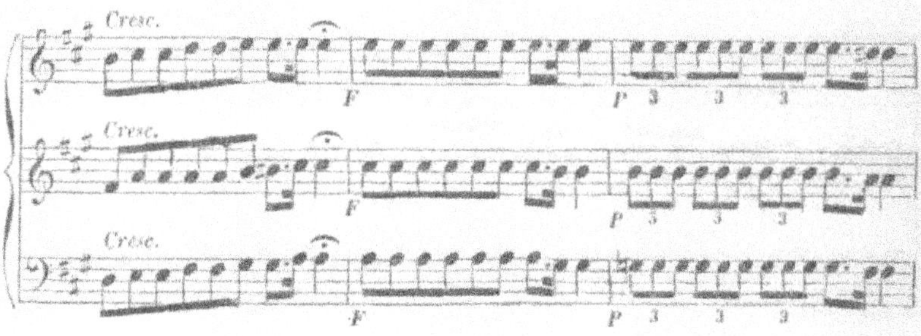

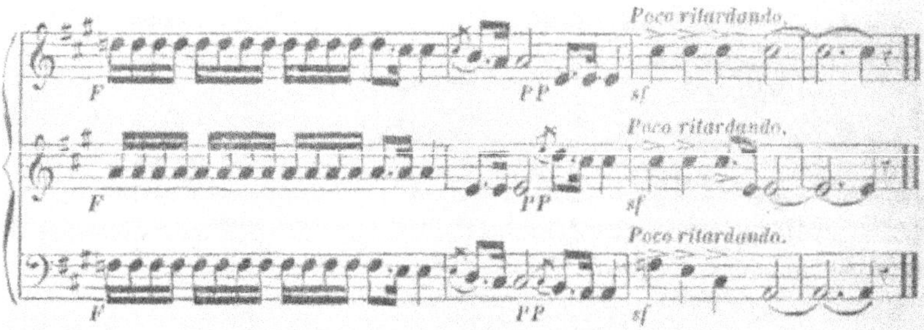

SICILIENNE

N° 15.
Andantino moderato ed espressivo.
SOPRANO.
TÉNOR.
BASSE.
Cresc.
Cresc.
Cresc.
P
P
P
sf
sf
sf
P
Cantabile.
P
P
Cresc.
Cresc.

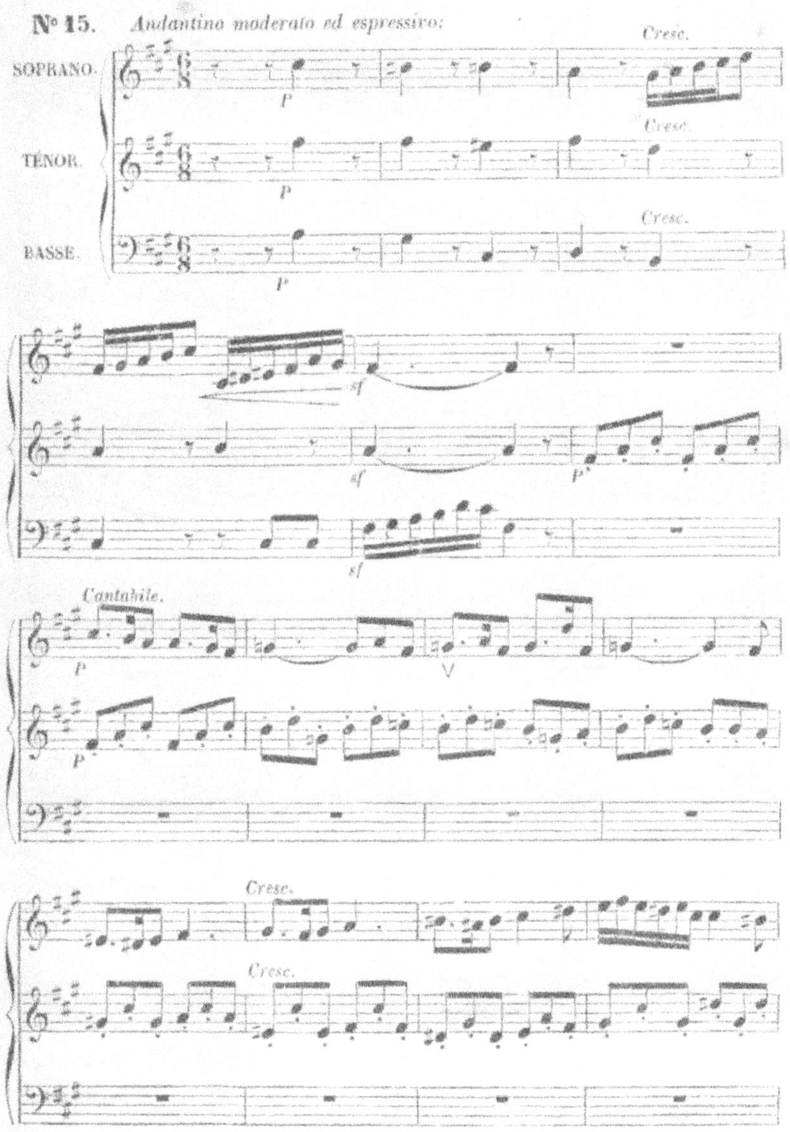

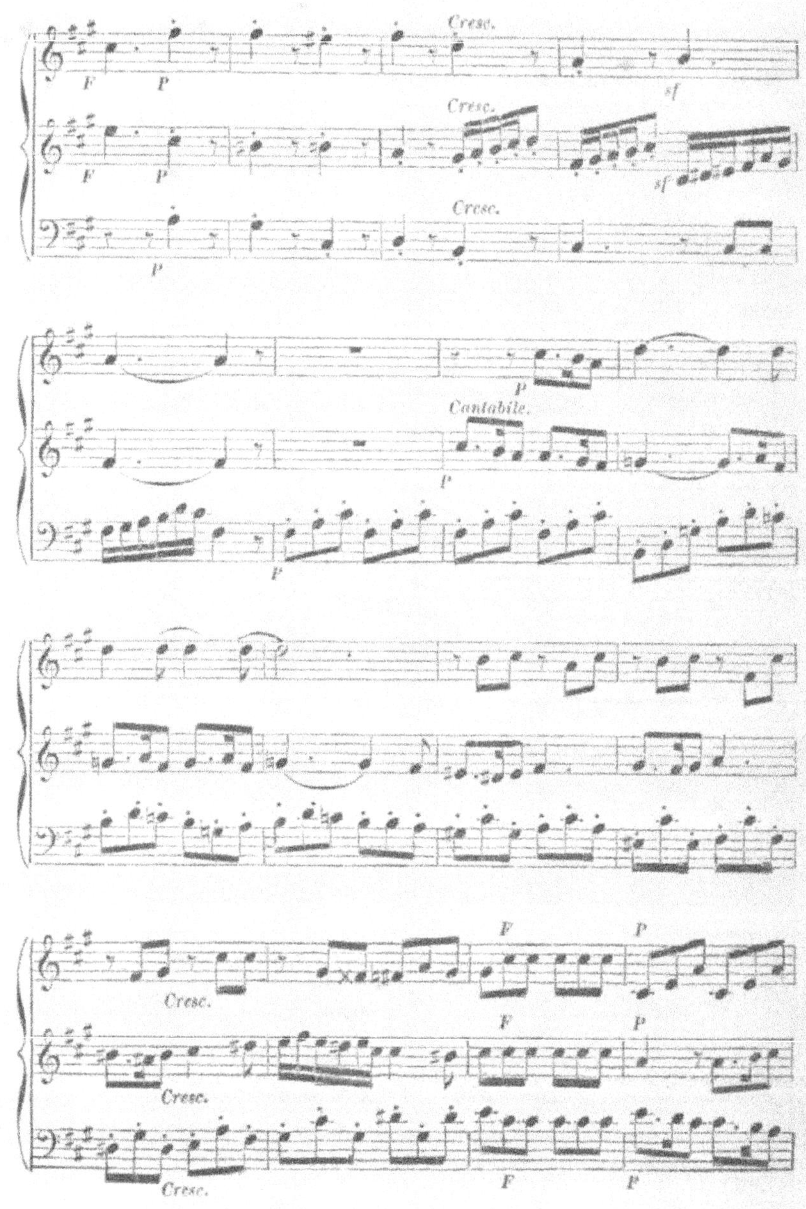
Cresc.
sf
F
P
Cresc.
F
P
sf
Cresc.
P
P
Cantabile.
P
P
F
P
F
P
Cresc.
Cresc.
F
P
Cresc.

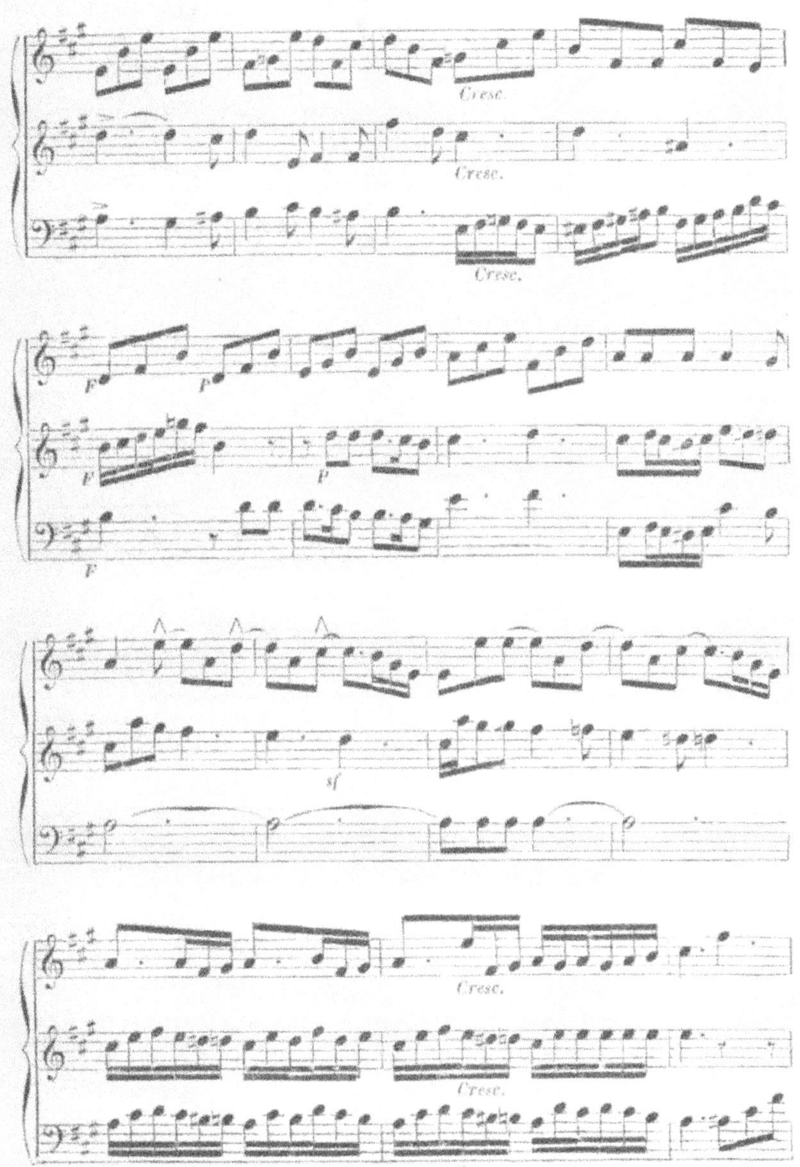
Cresc.
Cresc.
Cresc.
F
P
F
P
F
sf
Cresc.
Cresc.
Cresc.

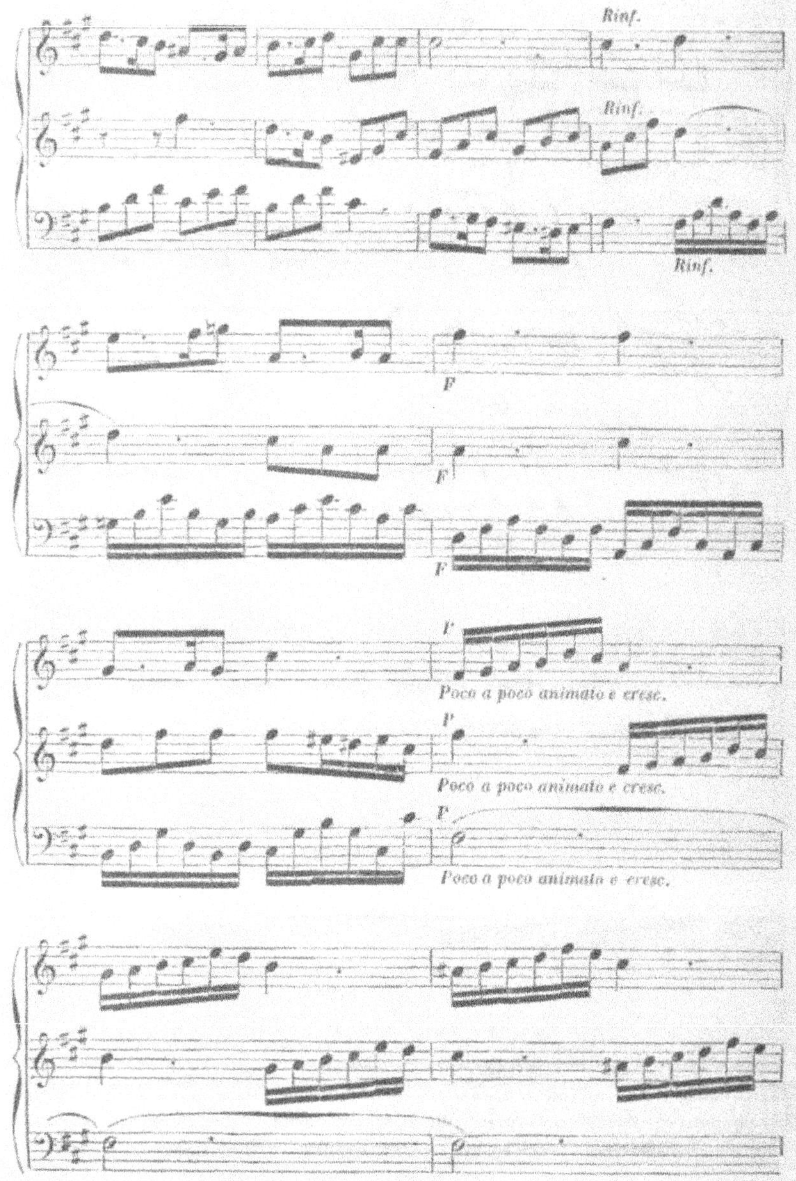
Rinf.
Rinf.
Rinf.
F
F
F
Poco a poco animato e cresc.
Poco a poco animato e cresc.
Poco a poco animato e cresc.

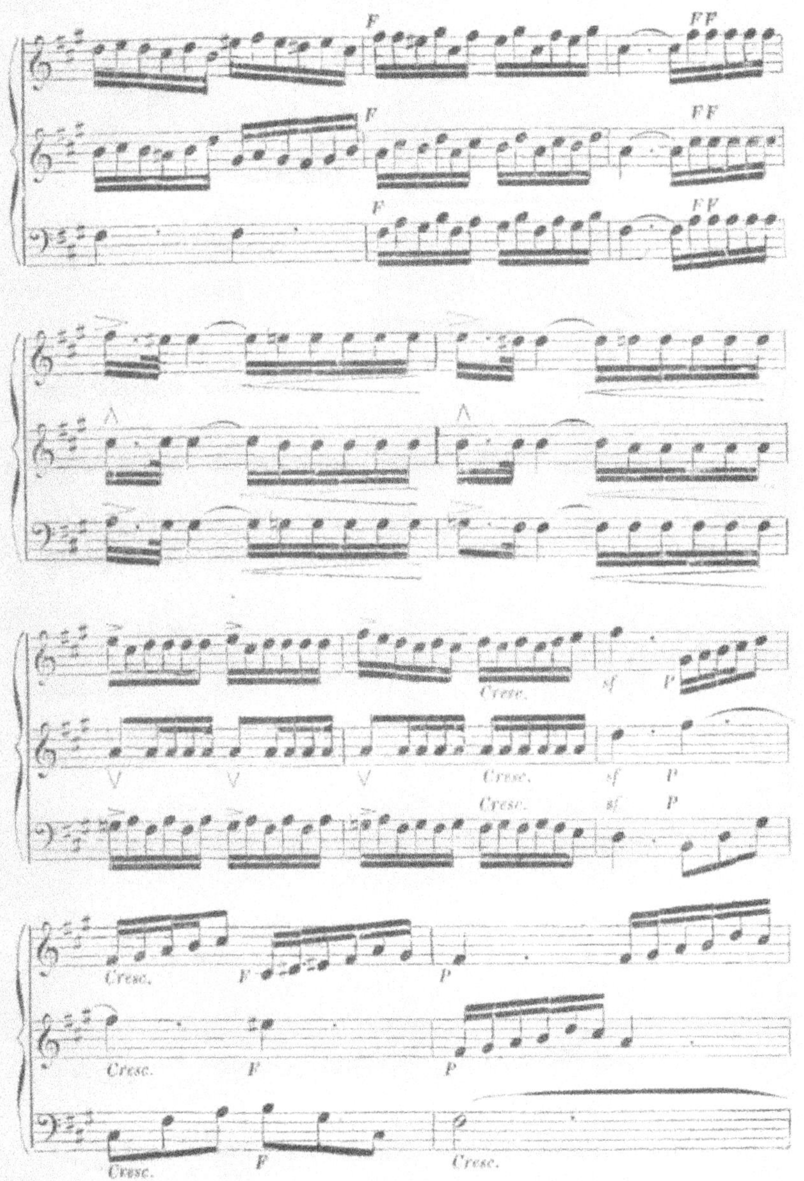

F
FF
F
FF
F
FF
Cresc.
sf
P
Cresc.
sf
P
Cresc.
sf
P
Cresc.
F
P
Cresc.
F
P
P
Cresc.
F
Cresc.

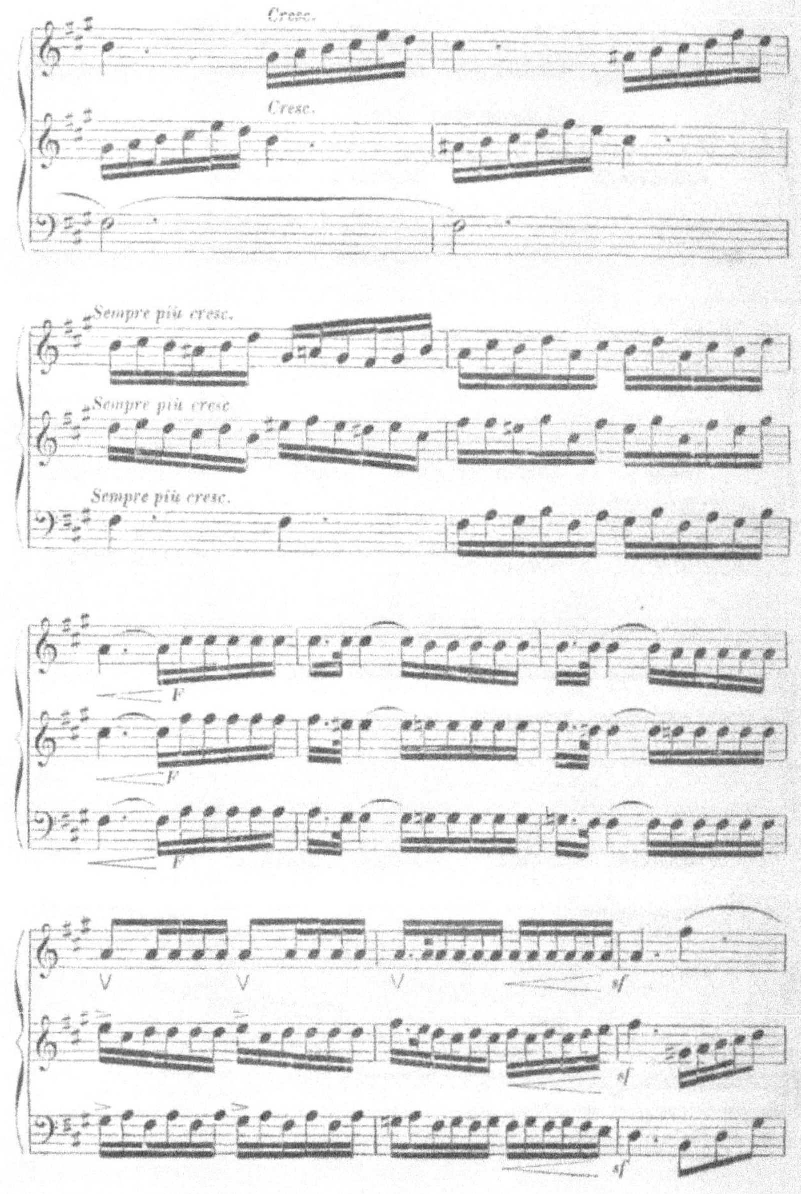
Cresc.
Cresc.
Sempre più cresc.
Sempre più cresc
Sempre più cresc.
F
F
F
sf
sf
sf

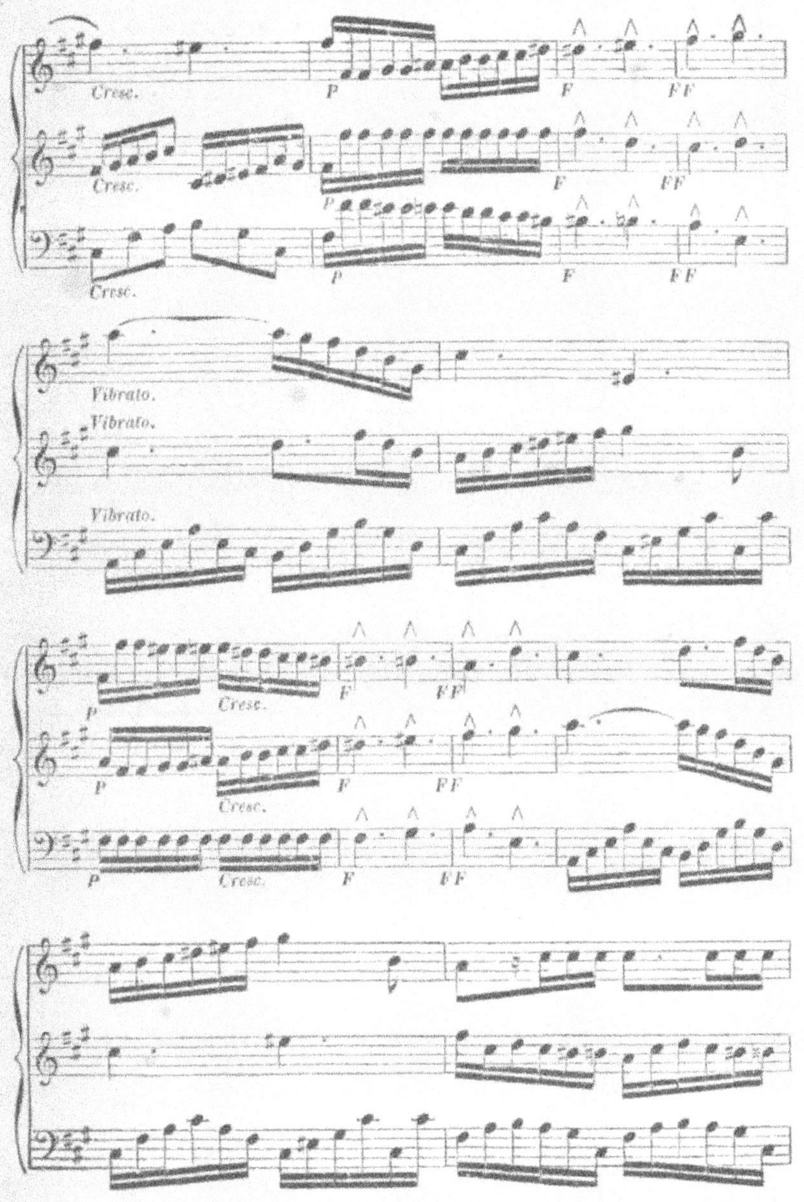
Cresc.
Cresc.
Cresc.
P
P
P
F
F
F
FF
FF
FF
Vibrato.
Vibrato.
Vibrato.
P
P
P
Cresc.
Cresc.
Cresc.
F
F
F
FF
FF
FF

poco ritardando
poco ritardando
poco ritardando
FFF
FFF
FFF
Procédés de TANTENSTEIN et CORDEL,
31, rue de la Harpe, Paris.

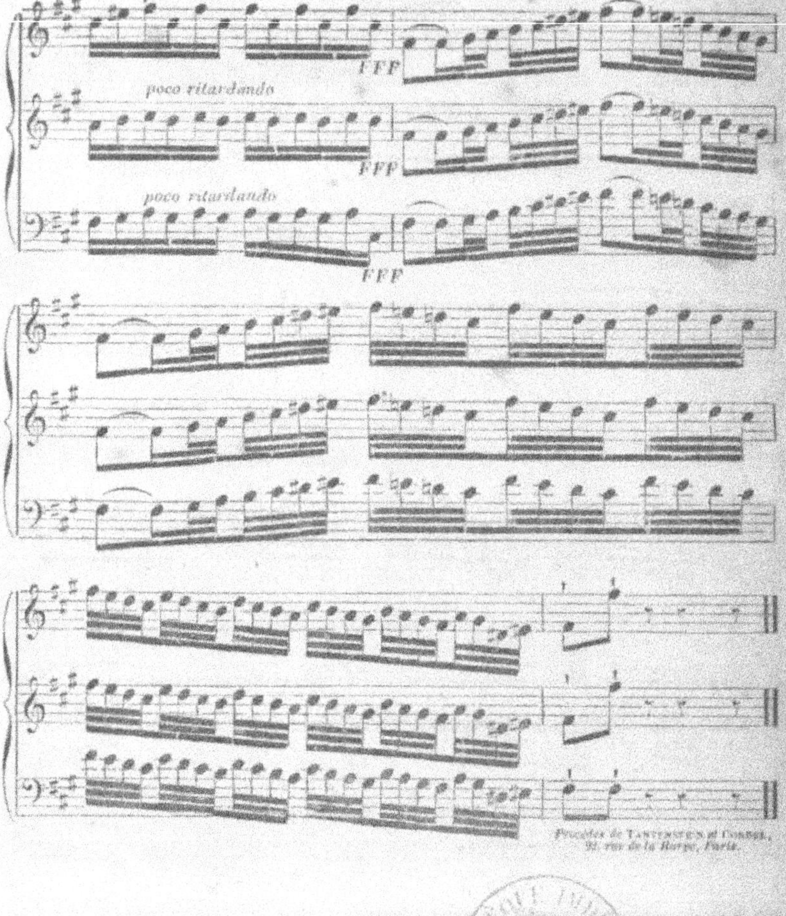

FIN.

9 782329 231211